網路公關——理論與實務

邱淑華◎著

賴序

　　網際網路（Internet）出現在我們的生活世界，迄今不過短短數十年時間，但已為人們資訊互通形式，帶來實質改變；今（2005）年6月，美國CNN有線電視新聞網，調查最近二十五年來改變人類生活最大的技術創新，網路即不負眾望，排名第一。誠然技術從未條乎而來，亦非社會文化樣貌改變的唯一因素，不過卻往往伴隨著經濟驅動與眾人使用興趣，展現出無從忽視的影響力。於是在網路社群與電子商務蓬勃滋長之際，不少團體及組織開始注意到，如何藉著科技便利，來為商品與服務訊息增添發布管道；更進者則是充分運用互動特性，將虛擬空間化為公共關係經營場域。

　　本書《網路公關》的概念即是依此而生。作為一門結合新傳播科技與公共關係的知識，著者顯然對現象觀察與實務操作層面有相當深刻體認；尤其對如何運用新科技之力於公關活動，更有其獨特見地。本書涉及領域除有公關學理基礎，更圖結合網路特性於實務操作流程，特別是對網路概念的擴充，以概括媒介匯流和人際互動，看來更別具新意。此外，篇末的個案研究，作者也詳細爬梳，提供各個具體而可觀察對象，使初學者或業界人士在參考運用時，不致誤入歧路。

　　知識的功能之一，在於幫助其他人站在巨人肩膀上，使視野得以更為遼闊，而拋出一個新觀念，目的也不在於宣稱對知識的所有權，而是開闢一個可以對話的空間。只有透過百家爭鳴，學術才會益為豐富，因此這本書應該是個起點，期望未來能有更多人投入，共同耕耘這塊領域。

我與邱淑華老師認識多年，觀其於公務繁忙之際，尤然著書立說，令人可佩，特爲之序！

賴鼎銘

世新大學資訊傳播學系

教授兼教務長

於木柵翠谷

自序

　　網路科技日新月異，和我們生活的關係也越來越緊密，而公關人員究竟是旁觀技術發展，還是進而利用其效能；在這兩種態度之間，些微差異就會使結果產生多重可能，因此，唯有瞭解網路公關為何，才能充分發揮科技效益。直言之，網路所帶來的變革，不僅在於從業人員多了一項可供使用的傳播工具；科技亦在某種層面打破時間與空間限制，促成訊息全球化傳播，讓各種公關活動能同步發揮效果，甚至以更快速、準確地方式吸引公眾，傳達組織所要溝通的訊息。然有鑑於坊間迄今仍罕見網路科技與公關理論、實務相結合的論述，筆者基於對此領域的濃厚興趣推出本書，目的是就此問題的瞭解與相關從事經驗，和同道交換意見。

　　依筆者管見，網路普及運用未必是傳統的公關操作形式中，新增一項傳播媒介管道；而應結合科技特性，來理解媒介形式如何構成新的人際溝通場域。故從網路傳播的即時、互動等層面思考，組織既可針對不同目標公眾需求擬定策略，進行溝通與服務，甚至亦能運用虛擬場域執行各種公關活動，並克服傳統操作過程會受到天候、場地、時間及人數限制的困擾，從而發展出新的公共關係型態。再者，網路的雙向傳播特質，亦是公關學者格魯尼（James E. Grunig）戮力提倡雙向對等模式的試驗場域。透過網路互動特性，除有助於組織和公眾間增進彼此瞭解，亦使組織從營求「私利」的立場，轉向彼此雙贏的「互利」。

　　筆者研究與講授公共關係理論與實務課程多年，並長期為學校公關業務負責人，深刻體會網路所帶來的影響。然這並未否定

既存之公關操作思考模式與其優點；而係嘗試拓展視野，將網路與傳統公關融合，甚至以網路公關補足傳統操作所無法達成之處。故從此一角度出發，組織與公關人員皆須體認網路公關的重要性，並加以重新定位。

本書共分八章。第一章「導論」，主要介紹網路發展普及對於傳播活動的影響與改變，以及網路公關概念的崛起。第二章「網路公關的基本概念」則闡述網路公關的基本概念，包括網路公關的定義、工作內涵與功能。第三章「網路與目標公眾」，探討網路公關的目標公眾與其特性。第四章「網路公關的研究與行動規劃」，著重網路公關研究調查與行為規劃之說明，這是網路公關運作核心。第五章「網路公關的溝通與效果評估」，列述網路公關效果評估的程序與方法。第六章「網路危機管理」，指出危機隨時可能產生，甚至可能出於網路，對此該如何進行危機處理。第七章「網路公關的倫理規範」，討論網路公關所面臨的倫理議題，與應該遵守之倫理規範。第八章「網路公關案例」，例舉個案探討，說明組織如何利用網路公關與目標公眾互動。

本書的運用範圍，主要適合對傳統公關操作已有基本概念人士，期望他們在閱讀後，能夠對於網路公關產生新思維，進而激發創意應用和行動。本書的完成，要感謝蔡念中教授、許安琪教授的惠賜意見，文浩的資料蒐集，以及冠芬和思儀的細心校稿，由於他們的協助，使得本書能順利出版，在此衷心地表達感謝之意。

科技發展一夕數變，本書對網路公關全貌說明，可能尚有疏漏不足之處；筆者將持續關注此一領域發展，並祈讀者不吝給予指正。

邱淑華

於木柵世新

目錄

第一章
導論

隨著電腦科技發展日新月異，網際網路比以往任何媒體，更快速地發展成為一種傳播媒介，融入人們的日常生活中。民眾可在工作場所、家裡或能上網的各種地點，透過以電腦為基礎的傳播工具或設備，連結網際網路，瀏覽網站與網頁的新聞及訊息、搜尋資料庫、查看電子郵件、互動談話等資訊傳播交換，以及從事購物、理財、網路遊戲、休閒娛樂活動等許多類型的電子商務與財務交易。時至今日，網際網路已成為每個人生活中的一部分，並取代了部分傳統媒介功能，改變了社會生活型態，進而影響人與人之間的傳播溝通與互動。

有鑑於網路使用人口急速成長，許多組織也越來越重視網路互動功能並且設立網站，一方面建立組織形象與業務宣傳，另一方面提供電子線上交易或客戶服務諮詢以拓展行銷管道；而在建立公司與品牌形象之餘，思考如何運用新科技並與公眾建立良好關係，乃成為網路公關形成與發展契機。這可從公關行銷傳播專家米多伯格（Middleberg, 2001）的看法一窺端倪；他認為，網際網路已經改變了商業的本質，這項世界歷史上威力最大、最全球化、最具革命性的傳播媒介，其影響衝擊改變了包括公共關係在內的一切，而且是永遠地改變、越來越進化，網路更讓廣大群眾徹底重新思考現今的一切作為。米多伯格的說法，乃是強調網路興起後，所引起全世界劃時代的改變，人們應該思考網路進入人類生活，甚至每個人的思維中，會帶來什麼樣的影響？這亦是當代公共關係研究領域不能也不可忽視的。故本章第一節先環繞網路發展，來看技術促成的媒體匯流及在台灣之現況；繼之第二節以傳播學者麥克魯漢（Marshall McLuhan）的「媒介即訊息」為切入點，探討網路造成傳播方式的改變；第三節介紹網路公關的崛起，說明網路對公關活動的意義及其所引發的機會和挑戰；第四節則敘述本書目標與基本架構。

網路公關──理論與實務

第一節　網路技術的發展及其影響

　　網際網路為全球電腦網路的總稱，其硬體是藉由主/從（client/server）架構，透過線纜、路由器、衛星、電話線等，彼此連結數以百萬計的電腦；軟體則包含了共通的傳輸協定，以及讓使用者得以遊走其間的瀏覽器（吳筱玫，2003：316）。如此快速發展的網路世界，所牽涉面向廣泛，欲瞭解其對於資訊社會所造成的影響之前，應該對於網路的發展有初步的認識。

一、網路的發展歷程

　　網際網路一開始研發是基於國防軍事用途，1950年代末期，美國國防部為能提高其戰爭相關資訊的處理能力，特別成立ARPA（The Advanced Research Projects Agency）機構，進行有關資訊處理技術的重要研究工作。Leonard Kleinrock教授在1960年代領導ARPAnet（The Advanced Research Projects Agency Network）實驗網路，被視為是網際網路的前身，其特色為當部分網路出問題時，其他電腦仍能倚靠其他線路維持連線。直到1973年時，為能解決電腦系統連接的問題，建立the Ethernet（CSMA/CD）LAN及the Internet（TCP/IP，傳輸控制通訊協定/網際網路通訊協定）WAN，可以說是電腦網路展開的轉換時機。然而，ARPAnet終究是美國的國防網路，因此，在1981年美國國家科學基金會（National Science Foundation, NSF）出資建立CSnet（Computer Science Network）專供電腦科學研究之用，同時TCP/IP的原設計者研發出相關技術，讓CSnet的子網路與ARPAnet相連，此時真正

表1-1 網際網路發展沿革

年代	里程碑
1950年代末期	美國ARPA進行資訊處理技術研究工作。
1960年代	網際網路前身ARPAnet實驗網路在美國西部架設。
1970年代	建立the Ethernet（CSMA/CD）LAN及the Internet（TCP/IP，傳輸控制通訊協定/網際網路通訊協定）WAN。
1980年代	美國國家科學基金會（NSF）出資建立CSnet與ARPAnet相連，真正的網際網路誕生。
1990年代	Berners Lee的網際網路技術出現於Netscape，於是電腦網路結合電訊傳播功能發展至今。

資料來源：程予誠（2003：49-51）；蔡念中（2003：23）。

的網際網路才算誕生。1986年，美國國家科學基金會出資建立美國研發網路骨幹系統，提供高速資料傳輸能力，使公民營研發機構及學校能以路由器連上此一高速骨幹網路。1995年Berners Lee的網際網路技術出現於Netscape，於是電腦網路結合電訊傳播功能發展至今（表1-1）（程予誠，2003：49-51；蔡念中，2003：23）。

網際網路連結許多各地的電腦，透過TCP/IP的基本標準，使得相隔千里或無直接連線的電腦，可以因遵守此項標準而能分享彼此資訊，最重要的特性是將網路定義爲一個「分封交換」的網路，資料得以被分解爲標準化的「封包」（pack），經由不計其數的中介站傳輸到目的地。網際網路的標準屬於公共財，任何人都可免費使用，使得網際網路具有開放、包容特性（程予誠，2003：50）。也因爲網際網路具有開放性標準，使用成本低廉，加上包容性大，促使許多使用者在網路上使用各種創意，包括公關的運作。

學者Martin指出，網路形成的幾項本質包括：(1)以「自我服務」為主旨（net is self-service）：因為服務自己潛在思想所導致而成的各種不同平台（platform），此一「平台」就是網路的概念，人們各自建構不同目的平台而運籌帷幄其間；(2)「彼此瞭解」：不論是網路的發動者（使用者）與網路的聯繫者（如接電話的對方），或是發動者與網路上工具（如汽車），都知道在此建構下的網路空間中，彼此的功能與方法；當網路功能運用時，也因為彼此的相互瞭解，而達到網路聯繫的目的；(3)網路是建構在個人需要上的「執行」，因此「網路是虛擬組織的架構」；(4)「機會」：網路促成關係、觸動需要與滿足；(5)「速度」：資訊的快速傳散與流動正是網路建構最大的特徵；(6)「信、望、愛」：此指自信與信任、希望與機會、關懷與熱忱（程予誠，2003：8-10）。可見網際網路發展看似多元複雜，但其發展特質則是以「人」為中心需求所形成。

二、網路促成媒體匯流

從電腦網路到網際網路，所形成新時代的架構技術，有四點特色（程予誠，2003：185）：

(一)網路技術提供所有社會上個人或組織所需的資訊服務。
(二)行動式及無所不在的傳播形式，滿足人性即時的衝動。
(三)相互連接（interconnectedness）的架構突破傳統傳播的障礙。
(四)能各自展現適當設備及環境的特色。

因此，網際網路以多量、迅速、確實、整合資訊的應用，影響所及是人們資訊服務品質提升與工作環境的改變，能連結上網

際網路的硬體與管道越來越多，上網的環境更朝隨時隨地的理想境界邁進。

依據估算，在美國有超過一億六千萬個人有機會接近網際網路，而且在一個星期中有近一億人實際在網路登錄，網路被視為是大眾傳播媒體，並和其他媒體以競爭性的方式和互補性的方式匯流（convergence）（圖1-1）（Chan-Olmsted & Kang, 2003: 6-8）。

競爭性的匯流是指市場界線模糊的媒體產業，其產品與服務具可替換性，且能大量的透過現有功能滿足消費者需求，例如，電話和有線電視在網際網路寬頻市場不再是不同產品，兩者都可提供眾多的視聽傳播與隨選視訊服務，而這種匯流取向是透過合併方式完成。互補性的匯流則為不同媒體產業因新功能形式聯合擁有資源與能力，而現存的產品不僅繼續存在，還由於匯流結果強化升級，例如，有線電視和電話繼續供應單獨的核心產品，但是有線電視可撥打電話或電話可看隨選視訊，也是現存的附加功能產品，所增加的市場潛在力將可比原先分開的單獨產業更快速成長。而網際網路多媒體市場有五個重要的競爭基礎：獲取消費

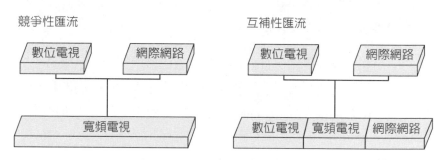

圖1-1　競爭性匯流與互補性匯流

資料來源：Chan-Olmsted & Kang(2003: 6).

者交易的策略範疇、溝通、教育、資訊和娛樂需求，同時，網際網路是決定寬頻媒體發展的驅策者（Chan-Olmsted & Kang, 2003: 6-8）。

顯然，傳統媒介在網際網路上的發展，由於數位化的媒介技術，已經進入到整合爲一或者變得相似的過程，而非傳統媒介網路化，也非還停留在傳統媒介爲網際網路內容一部分，而是爲不斷滿足閱聽眾需求，透過現有媒體功能進行整合。同時，爲求更快速傳輸、處理與儲存容量更大，驅使網際網路朝頻寬擴張發展。此一情況雖非取代傳統媒介，但也不止於傳統媒介的延伸，而是已經逐漸占領傳統媒介的功能。

三、台灣網際網路蓬勃發展

根據交通部電信總局、經濟部技術處「產業電子化指標與標準研究」科專計畫，以及財團法人資訊工業策進會電子商務研究所FIND（Focus On Internet News & Data）網站的統計資料顯示，台灣地區網際網路用戶在1997年時，只有一百六十六萬戶，至2003年時已經成長爲八百八十三萬戶，其中使用寬頻用戶從1999年的二十五萬戶，至2003年增加達三百零四萬三千戶（圖1-2）（交通部電信總局電信相關統計，2004a）；使用網際網路的普及率則從1997年的8%，至2003年增長至39%；使用寬頻上網比例也從1999年的0.1%，至2003年增加爲34.47%（圖1-3）（交通部電信總局電信相關統計，2004b）。台灣上網普及率高居全球第二，僅次於韓國，而在網路人口中，家庭上網率過半，高達52.7%（龔小文，2004.06.10；鄒淑文，2004.08.25）。

數據資料顯示，台灣的網際網路用戶數從1997年至2002年增長最快，每年均增加有一百五十萬戶以上的成長速度。寬頻用戶

單位：千戶

Unit: Thousand

○── 室內電話 Local telephone
○── 行動電話 Mobile phone
○── 網際網路 Internet
○── 寬頻 Broadband

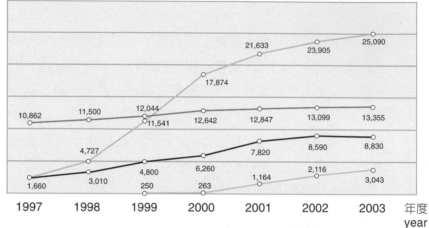

圖1-2　台灣主要電信服務用戶數趨勢

資料來源：交通部電信總局電信相關統計（2004a）、經濟部技術處「產業電子化指標與標準研究」科專計畫、資策會電子商務研究所FIND。

單位：%

Unit: %

○── 室內電話 Local telephone
○── 行動電話 Mobile phone
○── 網際網路 Internet
○── 寬頻上網比例 Broadband/Internet

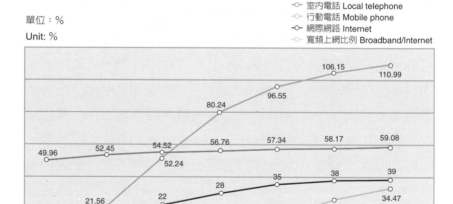

圖1-3　台灣主要電信服務普及率趨勢

資料來源：交通部電信總局電信相關統計（2004b）、經濟部技術處「產業電子化指標與標準研究」科專計畫、資策會電子商務研究所FIND。

網路公關──理論與實務

成長速度最快是於2000年至2001年間，從二十六萬三千戶增長達一百十六萬四千戶，之後每年也有近一百萬戶的增加。目前台灣寬頻上網服務，大多集中在ADSL和Cable Modem兩種上網方式。

　　顯見才五、六年光景，網際網路在台灣地區蓬勃發展盛行，在主要電信服務中，用戶數與普及率成長速度，僅次於行動電話。台灣民眾對於網路的倚賴越來越重，各種網路功能需求日增與多元化。有鑑於網際網路的用戶數與普及率快速成長，政府部門、學校教育單位與各行各業紛紛利用這一發展中的新媒介，提供資訊等各項服務。

第二節　網路對傳播方式的改變

　　網際網路不僅是一種交換處理資訊的全新方式，也造成人們傳播方式的改變。網路運用無遠弗屆，相對意味著該項技術成為人們日常生活中越來越重要的一部分；各種網路資訊應用不斷推陳出新，人們花費在網路上的時間，亦占有一定比例，使用網路已成為一種大眾普及的經驗。所以，應該重視網際網路發達導致傳播方式改變的相關問題。

一、網路發展的技術意義

　　早期網路傳播被視為等同電腦傳播（computer communication），隨著網路傳播中介（mediation）媒體擴展，技術突破也讓觀念產生改變。如今所指網際網路傳播（inter webs communication）乃整合電訊網路（integrated telecommunication network）及電腦網路架構及服務形式，所形成的網路頻寬技術附加網站服務技術的

傳播模式,所達成的傳播效果更是全球傳播（globalize communication）（程予誠,2003：188）。簡言之,現在一般通稱的網路,是以原有電腦網路為基礎,加上電訊技術發展予以擴充強化,使得其傳播範圍可遍及全世界。

人們進入網際網路的中介媒體,也隨著數位傳播科技的發展,從電腦擴展到個人數位助理器（Personal Digital Assistant, PDA）、電信手機、數位電視或數位廣播,使得上網不一定只能透過電腦,隨時隨地透過個人數位助理器、手機等多種中介媒體,以有線或無線方式就能連結網際網路世界,也使得網路成為現今自由度最高的傳播管道。

根據國際電訊傳播聯盟（International Telecommunication Union, ITU）曾經在1999年做過一項比較,發現電話花了七十四年才有五千萬名使用人口,廣播則花了三十八年,電腦十六年,電視十三年,而網際網路僅花了四年時間就達到這樣的普及率（蔡念中,2003：39-40）,可見網際網路這項新的傳播工具,因其連線方式多元化,成長速度驚人,遠遠超越電話、廣播、電視及電腦等媒介,所帶來的影響更是深遠。

再從傳播媒介的比較中（表1-2）可發現,網路傳播與傳統媒體傳播相較之下,在訊息呈現方面,網路不僅集印刷、電子、電訊媒介於一身,其雙向傳播,更優於印刷與電子等傳統媒介。也因為網路呈現出個人化、互動性等特性,展現全新的資訊傳播方式,集個人傳播（如電子郵件）、組織傳播（如網路論壇）和大眾傳播為一體。這亦表示,透過網路進行公關運作,即是對這些傳播方式重新進行整合;網路的技術發展已經對傳統媒體造成了影響,過去公關從業人員只將重點放在傳統媒體制式化通路的作法與思考必須有所改變。網際網路出現,代表著公關人員可藉此一技術直接和公眾進行關係建立與訊息溝通。

表1-2 傳播媒介的比較

傳播媒介	訊息	傳播工具	傳播方式
印刷媒介	文字/圖像/圖形	報紙、書籍及雜誌	單向傳播
電子媒介	圖像/文字/聲音/圖形	電視（無線電視、有線電視）、廣播、電影、錄音錄影產品	單向傳播
電訊媒介	文字/聲音	電報、電話	雙向傳播
網路媒介	多媒體（圖像/文字/聲音/圖形/數據）	網路、電腦技術、光纖技術	雙向傳播

資料來源：作者整理。

二、網路發展的文化意義

　　大眾傳播媒介的內容對於個人或社會而言，都有將訊息與受眾互相聯結的重要功能。然而，網路科技的強大力量，不應僅將其視同與傳統媒介並列的新興媒介，或只是視網路為訊息傳送的管道，而應以超越媒介內容的觀點來看媒介的本質。對公共關係而言，網路媒介的本質就是影響公共關係的關鍵，不能只是將其視為傳送資訊的管道，而應著力於網路科技的強大傳播力量，如何塑造公共關係的新環境。

　　許多學者認同加拿大傳播學者麥克魯漢的「媒介即訊息」這句話，將它用來解釋網路目前的情況很貼切。這句話原本是要世人注意他提出來的一則命題：就算只是選擇要用哪一種媒體，其於社會之影響，便遠大於怎麼用那媒體。不過，此一說法卻常被扭曲為是媒介本身有影響力，還是媒介內容較為重要的論戰。其中，網際網路可稱得是「媒體中的媒體」，因網際網路正在將廣

播、電視、電話等媒體「解放」，一個個打成內容，使得網際網路已成為集多種媒體為一身的媒體（Levinson, 1999；宋偉航譯，2000：26-27）。

這裡所說的「解放」，係指將原本不同媒體特定技術與限制轉換成網路網頁與多媒體影音呈現的格式。因為人們現在可以在網際網路上，看到各種媒體的線上網路版，包括報紙和雜誌等印刷媒體的網站與電子報、電視節目、廣播線上收聽，甚至透過網路電話即時對談通話，比過去這些媒體的應用與傳播範圍更廣，使得報紙、雜誌、廣播、電視、電話等原本於現實世界中獨立存在的媒體，在網際網路世界中，成為網路內容的一部分。

而「媒介即訊息」也代表了兩種主要解釋，第一種觀念是指一種媒體可獨立於它的內容之外，而對人們知覺產生一種固有的影響力，這種影響即是這種媒體特有的訊息，如麥克魯漢（1964）所說：「任何媒體或科技的訊息，就是媒體或科技導入人類事務的規模、速度和型態上的變化」，媒體讓使用者置身於新的環境和感官組合中，其第二種意涵，則是媒體改變了訊息或內容（Logan, 2000；林圭譯，2001：27）。

舉例來說，原本人們想要知道新聞，得買一份報紙或雜誌；想收聽廣播，得找台收音機播放；想看電視，需要有電視機。但如今網際網路讓人們只要透過電腦等中介媒體，就能上網讀新聞、聽廣播、看電視，網際網路讓原有不同實體特性的媒體，改變原有傳播形式與限制，使得原本無法相通的媒介得以一起出現同一平台，模糊了傳統傳播媒體之間的界線，提供閱聽眾新的媒介環境和感官享受。同時，網際網路也因為傳統媒體的加入，擴大了本身的傳播功能，發揮了集各種媒體於一身的影響力。

當傳統媒體改變原有傳播形式進入網際網路後，並不一定代表原有的傳播技術與形式被淘汰，實體的報紙、雜誌、廣播電視

節目仍然存在。然而，媒介在網路上所提供的服務功能，例如，影音服務品質、資訊搜尋、兼具可聽可看等，則因網際網路改變了傳統媒體原有特定技術與限制，使得各種原來自不同傳統媒介的訊息內容趨於一致。

傳播學者McQuail亦指出，整體媒介組織與活動、其正式與非正式的實踐、運作的法則，以及社會時而加諸於上的法律與政策事項所稱之的大眾媒介制度，有五種典型特徵：(1)主要的活動是符號內容的製造與傳送；(2)媒介在「公共領域」中運作，也因此受到相關的約束；(3)參與大眾傳播，成為傳送者或是接收者，都是屬於自願性的；(4)媒介組織在形式上是專業的，也是科層的（bureaucratic）；(5)媒介是自由的，卻也是無權力的（McQuail, 2000: 15）。

然而，因為資訊傳播科技數位化及整合所帶來革命性結果，網際網路似乎特別偏離了這五種典型特徵中的三種。首先，網際網路並非只是或主要關注訊息的生產與分配，同樣地關注處理、交換與儲存等過程；其次，網路新媒介同時具有私人傳播與公共傳播制度的特性，而且因此受到（或未受到）規範管理；第三，與大眾傳播媒介相較，網際網路運作在組織專業化與科層化上的程度並不相同（McQuail, 2000: 118-119）。顯見網際網路和傳統大眾媒介相較，呈現了訊息生產分配與處理交換及儲存並重、公共與私人傳播兼具、有不受規範管理之處，以及不必如同報紙、電視等大眾傳播媒介般，建構龐大組織。而以大眾傳播媒介典型特徵來檢視網際網路，儘管有所差異，但顯示出網際網路成為新媒介後與其他大眾傳播媒介一樣，主要所被強調的，在於它們都能夠廣泛地傳布。

McQuail認為，資訊傳播科技（information & communication technology）最主要的面向是「數位化」，其對媒介機構所造成的

潛在效果，就是既存媒介之間組織、分配、接收與管理形式上的整合，讓現存媒介形式能仍然保留各自的特性，甚至更加興盛（McQuail, 2000: 118-119）。傳播媒體運用數位化科技，將語音、文字、圖形、影像等各種型態資訊予以標準化、格式化，就是希望透過統一的處理與包裝，以最快速度傳送給閱聽人。而資訊內容數位化之後，更容易保存與再使用，提升傳播內容的品質與效率。且各種數位科技交互運作的結果，可因應使用者的不同需求，設計出多元化的服務內容與服務方式，造就多媒體產業的興起。這些現象，都可以在網際網路中發現到。

不過，學者Poster（1999: 15）以其多樣性、未來發展的不確定及後現代特質認為，網際網路的本質是非常難以斷定的（undetermination），而網路與廣播電視、印刷媒體的主要差異，在於：(1)使得多對多交談成為可能；(2)使得文化的同步接收、交流與再分配（redistribution）成為可能；(3)使得傳播行為脫離國家的疆界，脫離現代性的領域化空間關係；(4)提供即時性的全球接觸；(5)將現在/晚近現代的主體置入網路化的機械裝置（McQuail, 2000: 119）。從網際網路上呈現的數位化媒體整合，仍能保有媒體各自特性的形式，網路的多樣性和其以電子媒體、印刷媒體主要差異，在於網際網路是傳統媒介功能的延伸，而非取代者。

迴異於傳統媒體的單向傳播，在網際網路的世界中，使用網路的「閱聽人」的角色是多面向且相互重疊的，她/他可能是資訊的傳播者、提供者與使用者，也可能透過網路與素昧平生者進行虛擬空間的對話與各種形式的互動（孫秀蕙，1998：3）。顯然，網路傳播效能的轉變，讓訊息產製者與閱聽人更多控制傳播過程的能力，平衡傳統媒體所欠缺的選擇、互動、回饋機制，可讓閱聽人擁有更多的控制與活動的能力。

三、新的傳播溝通模式

網際網路的興起與發展，所引起傳播方式的改變，帶來人們生活的轉變，以及創造新的社會模式，雖備受關注，然網路成為一個新的媒介與傳統媒介的差異，以及網路多樣性與未來發展仍有不確定性的疑慮，使得人們不得不對網路傳播溝通的相關問題防患未然，且為避免公關人員應用時有措手不及的困境，應該對於此一新的傳播溝通模式有更進一步的認識。

換言之，「網路化、智慧化與個性化」是未來電腦運算發展的三個趨勢，網際網路的發展也從70年代的起始階段，進入21世紀的智慧型網路時代。亦即從靜態、被動、以呈現資訊為主，轉變為強調動態、主動、提供智慧型互動。此般演進趨勢乃因應資訊爆炸式增長，網際網路日趨複雜，以及用戶對網路易用性的要求，電腦和網際網路不只讓使用者互動與使用經驗更加自然，更是協助並強化人與人之間的溝通，更人性化與更使用方便。而當公關活動延伸進入網際網路後，如何從注重資訊「個人化」與「互動」溝通情境等趨勢前提，設計擬定公關策略，儼然成為公關人員必須接受的全新挑戰。

對高科技瞭如指掌、被喻為科技趨勢先知的喬治·吉爾德（George Gilder）認為，網際網路的光纖、高頻譜通訊及無線網路等高科技，正是電訊時代的鐵三角，電訊科技未來發展將是人們使用極快速和幾乎無規模狀況的頻寬，成為網際網路上的頻寬天使，任何人可以在任何時間即時傳送任何的影音圖文等資訊，同時隨著網際網路流量巨幅擴張，網路頻寬的增加速度已如同電腦晶片運算速度每十八個月會增加一倍的摩爾定律（Moore's Law）般發展，網路頻寬增加的速度至少是摩爾定律的四倍（Gilder,

2000；賴柏州、戚瑞國譯，2002：1-13）。從網路流量與頻寬每三到四個月增加一倍的快速發展趨勢可發現，人們對於「資訊高速公路」的需求，乃是不斷朝大幅提升傳輸通道的容量與速度而發展。因此，時時刻刻掌握科學新知與社會脈動的公關人員，更必須掌握網路發展的特性，與瞭解人們對於網路的真正需求，加以利用與善用。

而提出「媒介即訊息」的麥克魯漢也指出，媒體是「具有生命的能量旋風」，能夠創造隱藏環境和效應，剝蝕和分解舊有的文化形式，而且，媒體不僅創造了新的社會模式，也能直接影響人們心理，以及學習與思考的方式，也就是重建知覺，產生新的認知與形式（Logan, 2000；林圭譯，2001：25-26）。觀察網際網路科技的發展，的確，正如同具有生命的能量旋風般，創造了人們對商業交易、工作場所和教育系統重新評估的需求。因網路媒介已經改變了原有組織及工作場域的舊式運作流程與文化環境，重新建立新的交易形式、工作關係和教育模式。

麥克魯漢「媒介即訊息」的主張，在網際網路出現後復興，也能在網路公關上實踐，然因為實踐公共關係的建立友好關係目標不變，網路公關成為公共關係在網際網路上運用的策略，卻並非僅將網路視為傳播的管道，而是一個完整且全新的概念，透過網路電子科技、快速、互動溝通等特性，針對不同目標公眾的需求擬定策略，進行溝通與服務，在網際網路及寬頻無限的虛擬場域中，發展出全新公共關係型態。

而網際網路在心理層面、學習與思考方式的影響，不僅發生於觀念與概念層次，隨著網際網路電子資訊傳播，也讓人們產生新的知覺，認知網際網路是一種新的傳播媒介形式。可見從對社會、文化環境的影響，到人們心理層面和學習與思考模式的改變，網際網路的確創造了新的社會模式。

美國網路傳播專家霍茲（Holtz, 2002: 21-49）則以經濟型態更替探討公眾傳播交流方式，他指出資訊經濟繼工業經濟之後出現，工業經濟型態的傳播溝通，結構上為由上而下，強調生產與銷售的數量，為節省成本而大量生產，以生產者的決策意見為導向。但在資訊經濟時代則有重大轉變，首先是傳播溝通結構以網路式溝通取代科層式結構，以爭取快速與有效的溝通成效；其次在資訊經濟中數量不是強調的重點，企業能賣出多少的產品，完全由產品的質量決定；第三是個性化、客製化產品的出現，因單一資訊已無法滿足各方的需求，每個人都希望獲得合適自己且能及時解決問題的信息；第四是在資訊經濟中，顧客成為核心，消費者的意見才是生產的導向（表1-3）。

因此，霍茲提出了四種新的傳播溝通模式：(1)以網路推動從少數對多數到多數對多數（From few-to-many to Many-to-many），舊有傳統媒介乃是少數對多數的單向傳播溝通模式，以報紙為例，公眾只是充當資訊消費者角色，對於大多數人來說，發表自己的觀點、想法和意見是做不到的，但是網際網路的論壇，提供了一個人人都可能發表意見的場域，此種多數對多數的溝通模式，能發揮意想不到的影響力；(2)資訊接收者推動傳播溝通，以往傳統媒體，傳播溝通活動是由資訊製造者操縱的，有限資訊量

表1-3　工業經濟型態與資訊經濟型態的比較

	工業經濟型態	資訊經濟型態
傳播溝通結構	由上而下	網路式聯繫
獲取利潤方式	注重數量	注重質量
產品生產特色	大量生產	個性化生產
生產決策主導	生產者導向	消費者（顧客）導向

資料來源：Holtz (2002: 23).

第一章　導論

下，資訊接收者照單全收，但網際網路時代資訊氾濫，轉而由資訊接收者決定想要什麼，此即是個性化、客製化產品出現的原因；(3)以傳播管道爲核心，提供暢通的傳播溝通管道供公眾近用；(4)分類市場行銷，即分眾行銷，利用人口組成結構特質，進行傳播工作。

觀察目前媒體發展，網路、電腦、廣播電視、平面媒體和電話產業，以及與電腦有關的產業和服務等需求，正以飛快的速度持續性地整合中。媒體更已從早期單純的訊息傳遞，至今已開創許多新的商業模式，其中之一就是透過網際網路將原先分離的各種媒體部門整合，呈現多媒體市場，使得原本於現實世界中獨立存在的媒體，在網際網路世界中，成爲網路內容的一部分，發揮了集各種媒體於一身的影響力，改變了傳統媒體原有特定技術與限制下的訊息內容，儘管傳播方式和原有傳統大眾傳播媒體有所差異，仍顯現了新媒介傳布力量的強大的傳播功能。而網路傳播效能的轉變，也讓消費的閱聽人擁有更多的控制與活動的能力，這些都是網際網路所帶來的傳播方式的改變。

四、網路的傳播特質

Sheizaf Rafaeli（1996）指出，網路傳播具有五大特質：多媒體、超文本特性、對話方式、即時性與互動性（Newhagen & Rafaeli, 1996）。因網路成爲新興傳播媒介，自有其不同於以往傳統媒介的特質，成本低、資料傳輸迅速，成爲個人與組織樂於投資的媒介，另包括數位化、超文本、多媒體、互動性等這些特性，構成了一般閱聽眾對於網路傳播的感官多元化印象；而其去中心化、公私難分、快速流動、共同參與、虛擬社區等傳播特質，則說明網路不受時間與空間限制的跨地域性，與幾無限制的

資訊膨脹，以及閱聽眾透過互動與虛擬社區，尋求心理滿足與認同感。

網際網路與公共關係在本質上有其共通點，公共關係最大的目的是爲了資訊傳播與交換，而網際網路的發展目的則是爲了達到資訊傳播與交換更有效率（鄭阿雪，2002：3）。個人或組織透過網際網路進行對內與對外雙向互動溝通，使用多元、多樣化訊息均是爲增進溝通成效，但最終目的還是希望雙方在資訊傳播與交換後建立友好的關係。

對公關人員而言，除了傳統媒介的傳播溝通管道外，網際網路既已成爲強而有力的新興媒介，就應瞭解其傳播特質，妥善利用其傳播功能，將有利於個人或組織與目標公眾之間的對話與溝通。

第三節　網路公關的崛起

以下說明網路對公關活動的意義及其所引發的機會與挑戰，且就台灣網路公關與趨勢作介紹。

一、網路對公關活動的意義

網際網路不僅是資訊交流站、生活休閒中心、公共議題的虛擬論壇，甚至是遊樂場、政治工具、購物中心，與說不盡的可能性代名詞（孫秀蕙，1998：3）。而過去公關人員互動的媒體，均以報紙、雜誌、廣播電台、無線電視、有線電視等傳統媒體進行單向溝通爲主，隨著網際網路的興起，與其互動式媒體等特質，可說是全盤改變了傳統公關媒體策略（孫秀蕙，1997a：181-

187）。

　　網際網路既被視爲是應用於公共關係上的新科技，如何運用以發揮最佳效果，成爲公關人員擬定傳播溝通決策時，重要的考量因素。很明顯地，電腦、手機、數位廣播電視等媒介的功能是處理與創造資訊，但是網際網路的電訊傳播功能，比電腦等媒介影響人類生活，更是成了當今公共關係訊息最強而有力的傳播管道，網際網路的發展變化既已徹底顚覆以往資訊交流模式，個人與組織都必須學會如何透過電腦等媒介，評估網際網路傳播功能的價值。

　　換言之，網路對於公關人員來說，與過去所接觸互動的傳統媒介迥然不同，是一最新、最強而有力的傳播媒介應用，但是須得熟悉電腦等中介媒體的特性，才能掌握網路傳播的效果，所以可說是眞正遭遇到改頭換面的挑戰。

　　同時，網路雖是公關運作的新起點，卻因其有別於傳統媒體的個人化與互動等特質，在虛擬空間中顯現眞實生活中存在的事物，以及發展速度瞬息萬變的特性，迫使公關人員隨時得注意網際網路發展與應用上的各種變化，迅速採取相關應對措施，讓事前公關策略的擬定準備與修正更新顯得格外重要。因此，網路成爲公關互動的新傳播媒體，可發展出新的服務利益，對公關人員產生新的觀念與運作模式，網路引發公關運作上的變動，有著革命性的影響。

　　此外，網際網路的發展與普及，不僅是傳播方式的重大變革，對公共關係而言，網路更成爲公關活動的新場域。因爲網路媒介連結各種資訊，提供使用者認識社會現象的參考，而凡是在眞實世界存在的事物，都可在網路上以虛擬現象呈現。如何調和眞實世界與虛擬世界中的公共關係，使得著重溝通與建立關係的公關活動，必須面對與探究網路時代的類型與運作方式。

二、網路公關的機會與挑戰

　　對公司內部的公關部門來說，網際網路是公司建立形象、與消費者溝通的最新工具；對內則是宣導組織精神、目標、文化與各部門間重要的溝通管道，除此之外，再加上網路所具有的高效率、低成本等種種優點，在未來組織設計公益活動網頁、線上服務、危機處理等許多公關事宜，應用網際網路乃是必然的趨勢，美國公關人員認為，將來85%的記者會場地與新聞發稿單位，都將透過網際網路與新聞傳播媒體互動，傳遞與公司公關活動相關的消息（楊忠川，1998：101）。

　　也就是說，在日常社會大眾仍習慣以報紙、電視為主要消息接收來源時，大眾媒體與大眾傳播依舊是傳統公共關係活動的基礎，傳播媒介成了公關訊息強而有力的傳送者。但傳統媒介在傳播管道與通路數量上的限制，不但使公關資料傳送受到一些限制，也讓公關人員只將重點放在這些制式化的媒介通路。新興的網際網路傳播世界，雖提供公關運作一個有力的雙向互動媒介，但同時也充滿變化與挑戰，讓一些企業充滿畏懼與方向無定，不知網路已經改變了公關的角色；更有些企業則是看到了網路的蓬勃發展，也知道可利用其施展公關作為，可幫助公司與目標公眾溝通共同獲益，但卻不知該如何進行。

　　但改變同時也伴隨機會，網路發展所創造社會新的互動模式與傳播方式改變，讓公關人員多了一處媒介管道可供選擇，亦使得公眾關係建立更為直接、訊息可清楚詮釋。但是，這種情況也代表著公關活動的複雜化，必須將網路的傳播特性列入考量，才能在公關運作中，發揮更高的效率及更強的成效。

　　另一方面，公關實務工作者和研究者咸認為，網路公關係指

網際網路上的公共關係，建立在傳統公關的基礎上，是公關活動在網路中的延續，所以傳統的公關目標、原則、功能等基本上都適用於網路公關（Haig, 2001; Holtz, 2002；朱彥榮，2002；姚惠忠，2004）。然而，若探討網路公關只是視為網際網路發展，所造成的公共關係傳播方式改變，認為是公關活動在網路中的作為，是公關運用新的機會與策略，無異仍是以網路探討各種社會現象的延伸，此時網路只是與傳統媒體並列的角色。

對網路公關而言，網路媒介本質就是影響公共關係的關鍵，不能只將網路科技視為傳送資訊的管道，而應該著力於如何塑造公共關係的新環境。因此，探討網路公關除關注網路和傳統媒體明顯區別的互動性、個性化、即時性、全球性、多媒體、無限容量等特點之外，網路虛擬場域的訊息塑造和人際溝通互動，亦不容忽視。無論從傳播科技發展的角度，或是網路公共關係新型態的定位上，此為網路公關研究的一個重要課題。

三、台灣網路公關現況與趨勢

網際網路在公共關係之應用係於1990年代早期出現，經過多年的發展，全世界已有相當多的企業建構其網路公共關係（Internet Public Relations）運作機制，根據美國公關協會（Public Relations Society of America）的調查指出，目前幾乎100%的公關公司都已應用網際網路來進行公共關係活動（鄭阿雪，2002）。

國內企業對於網路公關活動運用的潛力，也有深刻的認知，根據資策會1997年所發布的研究報告，在已使用網際網路的企業中，有41%的公司建置網站的主要目的為希望建立公司形象，以利於公司公關活動之進行，而未來使用網際網路的目的中，也有高達52%的公司希望透過網際網路建立公司形象。由此可知，將

來會有更多的公司透過網際網路建立獨特的公司形象（楊忠川，1998：102-103）。

　　對各企業來說，網際網路無疑是一項低成本、高效率的推廣工具，雖然網路公關已成為未來發展趨勢，國內許多企業也紛紛上網設站，但和歐美等國家相較之下，國內企業在網路上執行公關活動的情況似乎並不十分熱絡，目前國內企業在網路上的運用仍是以廣告宣傳促銷活動最多。公關業界和學界也發現此一情況，因而開設課程介紹推廣網路公關的新用途。

　　網路公關探討範圍廣泛，從如何事前準備、上網調查、建立網站，到如何擄取網友的心、充實網站內容、善用搜尋引擎、操縱促銷、打造企業形象、處理網路危機，以及線上公關與真實世界的整合等問題。公關人員應該熟悉網際網路就如同熟知其他傳統媒介般，瞭解網路特性，善用網路功能，開發公關活動的新用途。

第四節　本書的目標與基本架構

　　本書的目標與基本架構分別敘述如下：

一、本書的目標

　　網路的出現既然對於公關帶來革命性的影響，那徹底改變傳播模式的網路如何運用在公關上？網路公關的定義為何？如何運用網路公關達成公關目標？近年來，國外有關網路公關論述陸續出現，但國內類似文章仍不多見，本書希望透過網路與公關研究的理論模式思考，瞭解網路公關運用的狀況。

本書試從日益普及的網路剖析其特性與未來發展變化，說明網路公關運作的現況和趨勢，並與傳統媒介比較其優劣，以進而界定網路公關的定義，及和傳統公關之間的區別。

　　由於網路公關一開始是建立在傳統公關的基礎上，也被視為是公關活動在網路媒介中的延續，所以傳統的公關目標、原則、功能等基本上都適用於網路公關（朱彥榮，2002）；但網路公關則因其技術特性，而對傳統公關操作產生調整與挑戰。故本書中將從傳統公關的基礎上，說明網路公關的工作內涵、網路公關的運用策略（包含目標公眾與網路公關策略）、公關效果評估、危機處理及倫理規範等，並分別於各公關活動範疇將網路公關與傳統公關的異同進行比較。最後再以案例說明企業、政府及學校在網路公關上的實務運作狀況。

二、基本架構

　　網路所引發的資訊革命促使傳播活動進入新的歷史進程，影響廣泛深遠。組織與公共關係人員運用電腦網路加速資訊傳播與利用之際，也開始注意並重視網路在公共關係上的運用，因此網路公關的概念因而孕生。本書架構即依網路公關的基本概念，建構出八個章節，在第一章導論先介紹網路的發展及其所造成傳播方式改變，並說明網路公關概念的興起和在台灣的現況趨勢。

　　第二章闡述網路公關的基本概念，包括公共關係的基本概念、網路的特性、網路公關的定義、網路公關的工作內涵及網路公關的功能；進而說明網路公關如何全方位運用網路溝通功能，以實現公共關係目標。

　　第三章討論網路與目標公眾，目標公眾是公共關係重要的概念，本章先瞭解網路公關的目標公眾為何，再探討其與一般目標

公眾差異；並進而介紹網路公關目標公眾的特性。

第四章開始進入網路公關運作核心，即研究（Research）、行動規劃（Action program planning）、溝通（Communication）和評估（Evaluation）的"RACE"企劃流程；為便於深入介紹各個概念，本章將著重在研究與行動規劃部分，並說明網路公關活動執行前置階段，該如何透過研究掌握目標公眾需求與確定問題重心，以及後續運用策略思維於行動規劃步驟。

第五章繼續說明網路公關的溝通與效果評估。在行動規劃階段確立組織公關的長、中、短各期目標後，溝通階段如何讓目標公眾對議題或公關活動充分理解並與組織有所對話，除了考驗公關人員執行能力，也包含訊息內容設計是否充分表達概念；因此後繼之效果評估階段，即試圖從網路科技特性提出具體方法。

第六章網路危機管理，除先從一般公共關係的危機處理開始談起，另外亦點出網路也可能是危機的起火點；因此本章主要說明網路公關會面對哪些危機，與如何進行網路危機管理。

第七章談論網路公關面臨的倫理議題。探討網路公關應該遵守的倫理規範，其意在指出公關人員難免面臨活動執行時，遊走於倫理規範灰色地帶的兩難窘境，但遵守網路公關倫理規範應與公關專業相輔相成。

第八章則是網路公關實例說明，分別舉出網路公關活動案例以及企業與政府組織網站進行個案探討，說明組織如何妥善利用網路和目標公眾進行互動，並運用網站作為良好的資訊提供管道，進而發揮公關效能。

第二章
網路公關的基本概念

網際網路既已成為人們最常使用的新型態傳播工具，亦是公共關係人員從事公共關係活動的利器，許多組織紛紛建置網站及資料庫，使大眾可以隨時上網與組織進行雙向互動溝通；這亦凸顯網路對未來公共關係活動的重要性與日俱增。為使讀者對網路公關有更具體認識，本章第一節先從傳統的公共關係基本概念切入，包括對公共關係的刻板印象、公共關係定義的多重性，以及公共關係功能的演進。第二節敘述網路的特性，如何改變傳播交流模式，並進而成為公關行動的新場域。第三節介紹網路公關的定義及其內涵，與網路公關相關的理論。第四節分述網路公關的工作範圍。第五節探討網路公關的功能，與制定網路公關的目標和策略之前所應思考的因素。

第一節　公共關係基本概念

　　公共關係的基本概念可以公共關係的刻板印象、多重定義、定義的要素及重要的功能分別介紹，茲敘述如下：

一、公共關係的刻板印象

　　提到公共關係，國內外學者都指出一般人對其常有誤解。著有《公共關係策略與戰術》（*Public Relations: Strategies and Tactics*）一書作者魏考克斯（Wilcox, D. L.）、歐特（Ault, P. H.）、艾吉（Agee, W. K.）、卡麥隆（Cameron, G. T.）等人認為，有些研究者定義公共關係常從公共關係技術和策略切入，例如，平面媒體的公關報導、組織發言人的電視訪問、或是一些特殊事件中名人名流的出席露臉（Wilcox et al., 2000: 3）。以致社會大眾曲解公共關

係等同媒體宣傳操作，也誤以為公共關係運作能否達成目標取決於媒體效果。

國內學者鄭貞銘則指出，公共關係最常見的刻板印象是指公關就是交際應酬、粉飾遊說，利用大眾傳播工具刊登商業廣告以惑眾或炫耀自己，甚至是遇事情出紕漏時，設法彌補的一種臨時性或過渡性自衛活動；他認為公關絕不是宣傳、公關不全然是新聞發布、公關不全然是廣告、公關不僅是打知名度、公關不是粉飾的活動、公關不全是遊說、公關不是人情交際（鄭貞銘，1999：3-7）。顯見，若認為公共關係只局限於上述活動者，或認為公關工作只是套關係、攀交情、吃喝應酬，應該對公共關係重新認識。

誠然，公關活動與媒體脫離不了關係；而傳播學者們亦認為新聞記者和消息來源的「同化」（assimilation）問題，會因專業公關機構介入，得到相當程度的助長（McQuail, 2000: 290）。所謂「同化」，簡單地說即記者和消息來源的互動，產生相當程度的合作需求關係；使記者依賴消息來源資料作為例行性的報導。雖然這在目前媒體環境已經習以為常，每天都有為數可觀的資訊由公關單位所提供，並獲得新聞媒體採用報導。但從批判觀點而言，這卻和記者獨立專業規範要求不容；因為資訊可能出於特定個人或團體利益，受到施壓或操弄，使媒體淪為消息來源的傳聲筒。

再者，人們對於公共關係的瞭解，常僅止於表象所見的公關活動運作與策略，以致對公共關係的認知傾向描述「做了什麼」，而非其本身到底是什麼。這種情形下，產生的曲解或偏見，成為公關發展的不利因素。因此，即使公關活動已拓展至網路場域，若此一誤解偏見延續，可能著眼的只是網路公關做了什麼，而非真正瞭解網路公關為何。因此，以下將從公關的定義中深入探討，以進而勾勒網路公關樣貌。

第二章　網路公關的基本概念

二、公共關係的多重定義

「公共關係」一詞源於英文Public Relations（簡稱PR）；而其定義有諸多說法、相關介紹書籍也人言言殊，要想從中歸結出言簡意賅的定義似不可得。原因在於公關領域雖然有許多原則適用相通，但欲明確定義時則可發現，若較富理論色彩者，難免遭批評過於抽象與籠統；若過度偏重實務功能與現象，也有難以面面俱到偏失之憾。以下舉美國公共關係學會與英國公共關係研究所下的定義為例，說明想要完整涵蓋公共關係意義的局限。

美國公共關係學會（The Public Relations Society of America, PRSA）研究公共關係角色與地位的小組，在1981年曾試著對公共關係定出簡潔好記的參考定義（莊勝雄譯，1993：5）：

(一)公共關係協助一個組織和它的群眾採取彼此互利的態度。
(二)公共關係是一個組織為了得到群眾的合作，所做的努力。

美國公共關係學會所提出的參考定義雖簡短，卻點出有助於組織和群眾彼此互利及組織為得到群眾合作的功能；然而僅著眼於組織和群眾「互利」的角度，仍不易表現公共關係領域全貌。

英國公共關係研究所（Institute of Public Relations）則將公共關係定義為「企業與顧客間的雙向溝通，它的好壞將決定企業的成敗」。曾任英國公關協會理事長、有多家跨國公司公共關係專業職務的海伍德（Roger Haywood）認為，這項定義還是不夠完整，因為只強調對顧客行為的研究，忽略了顧客的意見與態度，同時，有效的公共關係不僅止於溝通，還牽涉到基本的組織層面。

因此，海伍德對公共關係所下定義爲：「公共關係是爲企業創造最有利運作環境的一門學問，除了評估相關人士的態度之外，它還必須透過良好政策與有效溝通贏得大衆的瞭解與支持」（胡祖慶譯，1996：27-28）。

另外，海伍德也因認爲公共關係就是傳達企業風格的技巧，企業風格又是企業形象的主要基礎，所以他亦指出公共關係的最佳定義應當是：「經營企業形象的一門學問」（胡祖慶譯，1996：26）。海伍德的最佳定義對比前述組織所下的雖較簡短，但卻是從公共關係欲達成的目的面向思考，以及從組織的「私利」角度出發，同時在描述上也相當籠統，無法表現組織和群衆之間的互動瞭解。

國內學者孫秀蕙（1997a：4）則將公共關係定義爲：「協助個人或組織（營利或是非營利），透過多樣且公開的溝通管道與溝通策略，與不同的公衆建立良好的關係」。此一說法點出公關對象的多元性，且實施作爲的主體包括「個人或組織」；公關內容是透過多樣且公開的溝通管道與溝通策略，公關目的是與不同的公衆建立良好的關係。不過何謂「良好的關係」？公關的實質工作內容爲何？也有學者認爲應該再進一步說明（姚惠忠，2004：3）。

儘管公共關係的定義相當分歧，但最著名、被視爲最完整的公共關係定義，則是由美國公關教育先驅雷克斯‧哈洛（Rex Harlow）所提出；他查閱大量公共關係資料，並訪問這一領域知名領袖人士後，蒐集超過五百條有關公共關係定義加以研究。而其所提出定義如下（Wilcox et al., 2000: 3）：

公共關係是一種特殊的管理職能，能協助一個組織建立及維持其與公衆之間的雙向溝通、瞭解、接納及合作；輔佐管理階層發現及解決問題；幫助管理階層隨時知道民意並能立即作出反

應；規劃及強調管理階層為公眾利益服務的責任；協助管理階層隨時掌握社會脈動變化，擔任早期預警系統的任務；並以研究和道德溝通技巧作為它的主要工具。

學者姚惠忠（2004：3-7）分析哈洛所提出「最完整的公共關係定義」，強調公關是種特殊的管理功能；公關能協助組織建立預警系統，並強調為公眾利益服務，均表達了公共關係的基本內涵。因此，從這「最完整的公共關係定義」中可發現（表2-1）：

(一)公共關係的屬性是一種特殊管理職能。這包括資訊蒐集、分析與傳遞的管理，公關部門在組織中的分工執掌與協調配合，以及對各種資源妥善運用和配置。

(二)公共關係的目的，是協助組織建立及維持與群眾間的雙向溝通、瞭解、接納及合作。

(三)公共關係的工作內容包括輔佐管理階層發現及解決問題、瞭解民意並能立即作出反應，擔任早期預警系統以協助管理階層隨時掌握社會脈動變化；而後者更屬於公

表2-1　最完整的公共關係定義

最完整的公共關係定義	
屬性	一種特殊的管理職能。
目的	幫助組織建立並維持與群眾間的雙向溝通、瞭解、接納及合作。
工作內容	輔佐管理階層發現及解決問題、瞭解民意並能立即作出反應，擔任早期預警系統以協助管理階層隨時掌握社會脈動變化。
社會責任	為公眾利益服務。
主要工具	使用有效、正當的傳播技能和研究方法。

資料來源：Wilcox et al.(2000: 3)；姚惠忠（2004：4）。

共關係工作中危機管理的範圍。

(四)公共關係的社會責任則是為公眾利益服務。

(五)公共關係所運用的工具，以使用有效、正當的傳播技能和研究方法作為公共關係主要工具。換言之，這要求的是正當、有效的工具和方法。

儘管有被稱為「最完整的公共關係定義」出現，但魏考克斯等人（Wilcox et al., 2000: 4-7）則認為不夠精簡通俗；他們認為學者羅倫斯（Lawrence W. Long）和文森（Vincent Hazelton）所指出的：「公共關係是為了達成組織目標，所採取適合、改變或維持組織環境的一種溝通功能管理」，更能詮釋公關的精髓。此一研究取徑主張公共關係並不等同於單向的宣傳說服；而且態度或行為改變的不只是目標閱聽眾，連組織本身在公開的公共關係運作過程中，透過雙向溝通與理念相互瞭解，也可能產生相應的改變。同時，此一定義亦強調執行面向，為達成組織目標，須採取溝通功能管理。

從前述實務界和學術界所提出的定義可發現（**表2-2**），不同組織與研究取向，呈現的定義內容面向也不同，但可大致分為功能面、目的面與執行面。

因此，經綜合整理各方論述進行修正，簡扼的公關定義可歸納為「個人或組織，為與目標公眾建立平等互惠的友好關係，透過各種傳播管道與策略，進行雙向溝通」。即公共關係為雙向溝通，原則是平等互利，目標對象為一般公眾，其互動目的是為了建立比良好關係更明確的友好關係，溝通傳播管道則有大眾傳播、人際傳播、書面傳播、網路傳播等。為了讓讀者更清楚瞭解（**圖2-1**）。

33

第二章　網路公關的基本概念

表2-2　公共關係的多重定義

....

機構、學者	公共關係定義
美國公共關係學會（PRSA）	1.公共關係協助一個組織和它的群眾採取彼此互利的態度。 2.公共關係是一個組織為了得到群眾的合作，所做的努力。
英國公共關係研究所（Institute of Public Relations）	企業與顧客間的雙向溝通，它的好壞將決定企業的成敗。
海伍德（Roger Haywood）	1.公共關係是為企業創造最有利運作環境的一門學問，除了評估相關人士的態度之外，它還必須透過良好政策與有效溝通贏得大眾的瞭解與支持。 2.經營企業形象的一門學問。
孫秀蕙	協助個人或組織（營利或是非營利），透過多樣且公開的溝通管道與溝通策略，與不同的公眾建立良好的關係。
羅倫斯（Lawrence W. Long）、文森（Vincent Hazelton）	公共關係是為了達成組織目標，所採取適合、改變或維持組織環境的一種溝通功能管理。

資料來源：Wilcox et al.(2000: 4-7)；莊勝雄譯（1993：5）；胡祖慶譯（1996：27-28）；孫秀蕙（1997a：4）。

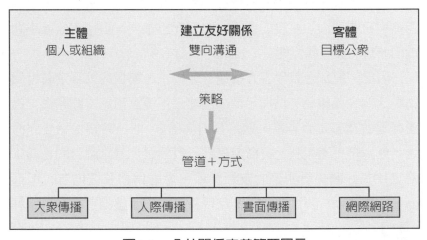

圖2-1　公共關係定義簡要圖示

資料來源：作者整理。

網路公關──理論與實務

三、公共關係定義的要素

有鑑於公關定義眾說紛紜，魏考克斯等人（Wilcox et al., 2000: 5-6）指出，雖然沒必要特別記住任何一種公共關係的定義，卻有必要記住定義中的關鍵概念，這包括：

(一)深思熟慮（deliberate）：公共關係是一種有企圖、經策劃的活動，主要設計為影響他人、得到認同、提供資訊和獲得回饋。

(二)事先策劃（planned）：公共關係活動是有組織與計畫的，需要透過研究與分析的系統性活動。

(三)表現（performance）：公共關係必須以個人或組織的實際政策和表現為基礎，才能發揮功效。

(四)大眾利益（public interest）：公共關係活動應為組織和大眾謀取相互依存的利益，是組織本身和大眾所關心與利益的結合。

(五)雙向溝通（two-way communication）：公共關係不只單向傳播資訊，更重要地是公眾意見的回饋。

(六)管理功能（management）：當公共關係成為組織管理決策一環時，其任務功能也包括了對高層人員提供意見和解決問題，而非在高層作成決定後對外發布消息。

從公共關係定義眾多，光是關鍵字也多達六個，即證明此一領域涉及諸多面向，無法以簡單幾個字來涵蓋。深思熟慮、事先策劃、表現、大眾利益、雙向溝通與管理功能等關鍵概念，也代表組成公共關係的根本要素。

除此之外，國內學者孫秀蕙（1997a：4-6）亦曾指出公共關

係有四個基本概念：

(一)溝通：包括人際溝通與大眾傳播兩種形式，溝通的內容與形式和溝通結果成敗息息相關。

(二)管理：公共關係屬於組織管理一環，負責組織對內與對外的溝通工作。

(三)社會責任：企業應負擔更多的社會責任，避免反商情結。

(四)善意的關係：公關工作最終目標就是要與不同公眾建立善意的關係。

另外，檢視眾多公關定義還可大致歸類成幾個方向：一是公共關係的目標對象是人，一般所指為公眾；二是採用的方法為有計畫的溝通，在組織團體和目標公眾之間進行傳播；三是公共關係的過程是雙向作業，保持良好互動聯繫；四是公關的性質是一種經營管理哲學；五是公關的目的是以公共利益為前提。

四、公共關係重要的功能

公共關係功能的演進與其發展歷程息息相關，從早期在政治與企業活動中進行的訊息發布，以及為執行這些功能所使用的方法，到晚近日益重視群己互利與知識專業；魏考克斯等人（Wilcox et al., 2000: 26-50）即指出，公共關係的主要功能包含：

(一)新聞代理（press agentry）：使用媒體與其他工具促銷與宣傳。

(二)宣傳（publicity）：宣傳是最早期的公共關係型式，主要工作是發布團體或個人活動的新聞稿給媒體。

(三)顧問（counseling）：公關顧問人員與角色的出現，讓公
　　關邁向專業化。

　　對於功能上的討論，學者鄭貞銘（1999：109-120）認為，公
關確實在管理、行銷與傳播三大要素中有其穩固基礎，並圍繞著
塑造形象，建立公信的總體目標；在組織體系中發揮訊息、參
謀、宣傳、協調、服務與決策功能。這六大功能中，訊息、服務
如同新聞代理功能，宣傳的功能則相同，參謀、協調和決策的功
能就是顧問的角色與工作。

　　另外，擔任過世界最大的公關公司「伯森──馬斯特勒」
（Burson-Marsteller）董事長的哈洛‧伯森（Harold Burson）則從
不同面向提出解釋。他認為公關的功能是：感受社會的變動、公
司的良心、溝通者及公司督導（莊勝雄譯，1993：13）。因公關人
員是在組織最前線，率先感受到可能替組織帶來影響的社會變
動，故須協助管理階層做好準備；公關人員應該謹記，公司是由
一群有良心的人所組成；溝通者的角色則是除了具備溝通技巧
外，還應磨練公關人員的社會判斷力；監督公司的功能，目的則
在於落實公司政策與計畫並兼顧大眾要求。這四項功能同樣也是
新聞代理、宣傳和顧問等三大功能的延伸（表2-3）。

　　除了從公關發展演進對功能進行探討外，從組織的面向進行
思考，亦受到相當重視。熊源偉（2002：64-72）指出，公關對組
織的功能，主要透過：

(一)監測環境：蒐集與研究資訊：所蒐集的資訊包括公眾需
　　求、公眾關於產品形象的資訊、公眾對組織形象評價的
　　資訊、組織內部成員資訊與其他社會資訊等，並將之進
　　行科學化分析研究，作出解釋和評價。
(二)幫助決策：公關部門必須就組織環境與公眾關係的問

表2-3　公共關係的功能

學者專家	功能
魏考克斯等人（Wilcox et al.）	1. 新聞代理 2. 宣傳 3. 顧問
鄭貞銘	1. 訊息 2. 參謀 3. 宣傳 4. 協調 5. 服務 6. 決策
哈洛‧伯森（Harold Burson）	1. 感受社會的變動 2. 公司的良心 3. 溝通者 4. 公司督導

資料來源：Wilcox et al.(2000: 26-50)；鄭貞銘（1999：109-120）；
　　　　　莊勝雄譯（1993：13）。

題，向管理階層提供諮詢，甚至參與組織決策的整個過程。

(三)宣傳引導：從宣傳中建立組織形象，從而影響或引導公眾輿論，增進組織利益。

(四)溝通協調：輔助宣傳引導的單向傳播，加強組織和公眾之間的雙向溝通，達成建立友好形象的目的。

(五)全員教育：組織的公共關係不是公關人員專屬，而應是全體成員的公共關係，教育組織上下員工均擁有全體公關的意識，將對組織有莫大助益。

但公關人員在組織中是否同樣獲得重視，魏考克斯等人（Wilcox et al., 2000: 105-106）則指出，公共關係在企業組織中是

否能發揮其影響力，端視其角色與功能定位的層次，共可分為強制諮詢（compulsory advisory）、共同授權（concurring authority）和命令式授權（command authority）三種功能。

(一)強制諮詢功能：公關人員在管理階層占重要地位，擁有制定決策的影響力。例如，企業遭遇「千面人事件」，歹徒將產品注射毒物勒索時，公司能聽從公關人員建議將市面產品全面回收，此時公關人員屬於強制諮詢顧問地位。雖然所建議的方式會對公司其他部門造成困擾，卻代表著企業高層擅用公關顧問的才能，全公司也必須配合政策，落實公關運作。

(二)共同授權功能：係指公共關係角色與其他部門的重要性相當，不似強制諮詢地位可主導決策制定與執行，任何決策必須和相關部門協調直到達成共識，才能著手進行。很多公司採取這種方法，是為了防止各部門步調不一甚至各自為政，以確保企業的權威地位。

(三)命令式授權功能：相較於共同授權，則更限制公關部門權限。以對外發布新聞稿為例，有些公司會規定必須經由管理階層、法務部門核閱通過後才能進行，在這種功能下的公關人員雖被賦予處理公關事件的重責大任，卻無實權且受到層層節制，時效上易影響公關運作執行。

對於組織而言，公共關係既屬於組織的一部分，所應規劃方向是如何運作、控制與推展，讓公關部門在組織內扮演明確定位的角色，而非待事件發生後再求助公關專家，或要求公關人員設法解決，畢竟與公眾的關係需要經過長期建立，有效的公關方案也需經過規劃、思考與組織，可說是專業知識的結晶。

第二章　網路公關的基本概念

第二節　網路的特性

　　探討網路公關，主要著眼點即在思考如何運用網路功能，以實現組織或個人的公關目標；但從上述複雜的公關特性與網路新科技結合，不僅促成公關新的發展風貌，也凸顯公關人員欲從線上經營和建立公眾關係，須考慮網路技術特性。因此，探討網路公關之前，必須先瞭解網路與傳統媒體的區別。

一、網路傳播科技的影響

　　傳播學者伊契爾‧卜（Ithiel de Sola Pool）指出，網路等新傳播科技帶給人類社會的影響如下（卜大中等譯，1992：8-23）：

(一)距離不再是傳播的障礙，人類活動的空間結構將會巨幅改變。

(二)聲音、文字及影像，都可經由數位化的電子傳輸模式來傳送，而這三種傳輸模式的區分界線，也日越模糊。

(三)在這「資訊社會」裡，不論是工作或消遣，人們絕大部分都是在交換訊息。資料處理在人類活動中所占份量，正與日俱增中。

(四)資料運算和資訊傳播正成為一體，意即傳播和推理合而為一，當訊息轉換成電子位元時，不但被電子傳送，而且也被邏輯裝置加以操作和變換。

(五)大眾傳播革命被逆轉，因它們只能一再地將相同的訊息傳送給所有的人，取而代之的電子新科技，可以把不同

訊息傳送給不同需要的人。

伊契爾‧卜認為，傳播科技發展也在人類生活諸多層面，產生正面或負面的影響，特別是人類活動空間模式的改變、對言論自由的威脅、社會凝聚力及個人獨立性之間的平衡位移，以及對環境生態的影響。這些現象，都已成為目前社會熱門議題。

從伊契爾‧卜對於網路新傳播科技的觀察，正指出網路的特色：傳播無距離障礙、數位化文字影音傳輸、資訊創造處理與交換的場域、互動多元的資訊傳送。而這些技術特性所促成資訊無國界、言論自由面臨挑戰、個人化的興起、更快速便捷與廉價的傳播方式，也連帶成為網路公關有別於傳統公關最大特色；特別是當晚近組織的商品銷售與服務走向全球化市場，在這虛擬空間，則越形成公關活動的新場域。

二、網路與傳統媒體的區別

「網路」除了是一種訊息傳輸技術，也是一種關係建立機制；而網路公關的概念，則嘗試用最經濟手段，作無限大的「關係」延伸。換句話說，網路「網際」（Inter Webs）的概念，一方面就是網路世界所共構的關係，也就是超連結（hyperlink），強調如何利用最快的搜索、分類方式，在網路中找尋目標與所需資訊；另一方面則是指人類社會原來的網絡關係予以整合，將社會既有的人際關係網（E-mail、交友網站、網路電話等）、公司網（Intranet、Extranet）、組織網（相同性質組織間關係）、交易網（EC、電子交易）及資訊網（各圖書館、文教機構）等網站連結，串接成一個虛擬存在無窮盡的網路世界關係（程予誠，2003：188-189）。網路網網相連的特性，跨媒體的整合方式，均

是傳統媒體不及之處，因此，區辨兩者間差異，有助於對網路公關建立正確認識。

網路不同於傳統媒體，主要有以下特點（杜娟，2000）：

(一)互動性：網路的雙向互動性，和傳統媒體單向傳播爲最明顯差異。

(二)個性化：個人有選擇過濾資訊的自主權。

(三)多媒體：網路可同時顯示文字、圖像、影音，且由使用者自行決定資訊欲呈現的面貌。

(四)容量無限：網路資源龐大無窮盡。

(五)資訊傳輸的即時性和全球性：網路打破有形疆界限制，透過網路可以將訊息即時傳送全世界。

顯然，網路和傳統媒體不同之處，除在傳播方式上，網路的雙向互動超越傳統媒體單向傳播的限制；對於資訊選擇權，傳統媒體的閱聽眾就是受眾，由媒體決定我們的資訊需求與數量，網路則讓使用者擁有資訊選擇的自主權力。而在資訊內容方面，傳統媒體受限於單一傳播模式，報紙雜誌就是文字，廣播就是聲音，電視影音兼具，但網路上的資訊可以用單一文字、聲音、影視出現，亦可以透過多媒體呈現。另外，網路的連結功能使得資源無窮，傳統媒體的資訊量只是網路的一小部分。至於在傳輸功能上，網路最大的特點就是傳播距離打破區域與國家界限，這是傳統媒體的局限與不足（表2-4）。

不過，也因網路資訊傳遞的快速流通，縮短資訊散布時間，加以大量資訊不斷湧進網路加快更新速度，使得資訊呈現與發揮其影響力的時間也銳減。以傳統媒體報紙、電視及廣播等新聞資訊爲例，報紙新聞資訊壽命長達一天，要等到晚報或隔天報紙出現才成爲舊聞，而廣播和電視新聞則維持整點播報等一小時或以

表2-4　網路和傳統媒體的比較

	傳統媒體	網路
傳播方式	單向傳播	雙向互動
資訊選擇權	閱聽眾無自主權	使用者有自主權
資訊內容	單一文字/圖像/影音	多媒體
資訊資源	有限	無限
傳輸功能	受時、地限制	即時性與全球性

資料來源：作者整理。

上的時間，然網路則是隨著最新資訊的加入，幾分鐘內完成更新。對於網路公關訊息的發布，時程上明顯比透過報紙、廣播、電視等媒體等方式要來得短。

　　網路促使媒體環境快速變遷，取代傳統媒體相當多的功能，甚至加速傳統媒體的萎縮。舉例來說，報紙新聞、雜誌內容除了紙製實體外，透過網路以網頁呈現已成常態；網路電子報出現時，被譏評沒有人會搬一台電腦取代報紙搭捷運看新聞，然現在只要在網路服務範圍，透過筆記型電腦、PDA、手機就能收看電子報，連看電視新聞、節目或是一部電影都已不是夢想；當有線電視購物業績風光時，網路購物也不遑多讓，各種新產品廣告紛紛透過網路宣傳促銷。另外，根據研究，操作個人電腦占去不少人們原本用來觀看電視的時間（Lieberman, 1995；羅世宏譯，2000：3）。從網路上聊天室的盛行到線上遊戲熱賣，高價請來知名紅星代言，更印證閱聽眾的媒體使用習慣，已有部分從傳統媒體轉移到網路。

　　另外，網路除具備「無限傳播通道、社區營造、電子商務，及其模糊資訊提供者與消費者的高度互動特質」外（Levy, 1995: 58）；McManus（1994）還指出此一新媒體的特徵如下（羅世宏

譯，2000：4-7）：

(一)傳統分野清楚的科技（如印刷和廣電），不再涇渭分明而有合流之勢。

(二)媒體資源從稀有（scarcity）變成豐饒（abundance）。

(三)原供大眾消費的媒體內容，為適應小眾需求而變得更專門化。

(四)傳播媒體由單向演變為雙向的傳播。

　　這四項特徵在網路的新媒體環境不斷出現。首先是媒體匯流，資訊高速公路（information superhighway）的形成，使得媒體之間界限漸趨模糊，影響所及，甚至在內容方面差異性也不如過去那麼清楚。其次，因為網路的技術，人們除了是網路的使用者、資訊的接收者，同時也是訊息的創造者，以往成立新聞台要龐大人力、物力，如今網路上個人新聞台比比皆是，媒體資源不再因為稀有而被壟斷；由於網路具有空間優勢，版面不再受限，可針對不同閱聽眾需求設計內容，予以分眾化，充分顯現自主性；而透過網路頻寬與網頁技術，互動的便利性，幾已成為這項新科技的主力功能，所導致的變遷，正在改寫大眾傳播的定義。

三、網路傳播的特質

　　米多伯格引述德意志銀行（Deutsche Bank）首席經濟學家艾德華・亞德尼（Edward Yardeni）形容網路指出：網路「是今日世界中最接近完美競爭模型的一種」，因為在完美競爭模型中，第一，沒有入口障礙；第二，沒有對無獲利能力公司免於失敗的保護；第三則是每個人（消費者和生產者）都能簡便、免費地取用所有資訊，這正好是網路商務的三大特色（Middleberg, 2001：

xi）。申言之，網路的易接近性、低成本與資訊共享等特性，也使得網路使用者因爲資訊易得而增進了使用意願，並擁有決定進入網站與否的自主權。

既然網路使用者具備絕對的自主性，那爲何需要運用網路作爲公關溝通的工具？知名好萊塢娛樂公關專家Michael Levine（吳幸玲譯，2002：60）歸納爲九點理由：

(一)網路速度快。

(二)消費者在這裡接觸你、和你的競爭對手的方式都一樣，縱使對方是世界最大的公司也不例外。

(三)使用網路的成本低廉。

(四)在網際網路的世界中，創意比預算更有價值。

(五)網際網路遍及全球。

(六)沒有人可以編修、過濾你要傳達的信息，你可以完完整整傳達你的原意。

(七)網路允許你與素未謀面的人聯繫。

(八)你可以在你的客廳，也可以在企業總部的會議室裡架設網站，展開宣傳活動，沒有人會感覺到其間的差異。

(九)進出網路的潛在客戶在未來十年仍將持續成長。

這所凸顯的是網路的特性，使得資訊時代的溝通、宣傳等公共關係作爲，不能不考量在線上（on-line）進行的必要性，只要事先規劃與運作時溝通得宜，就能對公眾產生說服力。當成功地說服公眾願意進一步認識或接觸組織時，就已達到傳播的效果。

而網路傳播的多媒體、超文本、對話方式、共時性與互動性五大特質（圖2-2），則對閱聽人資訊處理策略影響深遠（Newhagen & Rafaeli, 1996），茲分述如下：

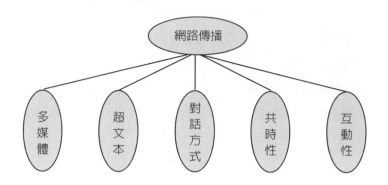

圖2-2　網路傳播五大特質

資料來源： Newhagen & Rafaeli(1996).

(一)多媒體：網路結合文字、聲音、圖畫、動畫、錄影畫面、虛擬真實的動作符碼，可能是現有媒體中對感官掌握能力最強的。

(二)超文本：網頁（web pages）使用超文本的資料結構來呈現資訊，已非傳統媒體如報紙或電視的線性傳播方式（linear communication）；這對閱聽眾的資訊處理，可從認知角度來研究超文本結構對資訊攝取的影響。

(三)對話方式：從社會溝通的層次來看，Rafaeli指出，網路的發展固然使全球資訊交流更為便利，但其跨地域性與幾無限制的資訊膨脹，使得資訊管制既不可行，也可能形成無政府狀態的溝通形式。如何建立溝通秩序，建立網路公民（netizens）溝通意識，則有待深思。

(四)共時性：從科技發展所產生的社會影響來看，網路成功之處在於資訊的即時性與互動效果。

(五)互動性：目前所有網頁設計幾乎都強調與使用者的互動，而所有互動也都可存檔、電腦系統也有上線紀錄供

查詢。就語言學與傳播學者而言，網路提供了相當豐富的文本，作爲分析研究的素材。對於從事廣告行銷者，網路使用者的上線模式、瀏覽次數與發言方式也可反映出特定消費者的興趣與生活型態，具有特定的商業價值。

相對於Rafaeli的觀點，Newhagen指出網路與其他媒體不同之處：一是資料建構方式的不同，二是資訊的數位化（Newhagen & Rafaeli, 1996）。這兩項因素使網路資訊流通更直接、簡單、快速、廉價且普及，因此網路傳播科技發展，不僅提升傳播媒介的效能，更造成傳播產業大幅變動。儘管如此，許多學者也指出，舊媒體並不會全然消滅，從現實生活觀察也可發現，網路上雖可看報紙新聞、雜誌文章、電視、廣播，但這些傳統媒體依然存在，同時朝可近用網路的數位化發展，如數位電視、數位廣播等。

故網路傳播的特質，是網路公關和傳統公關的差異之處。霍爾茨（Holtz, 2002）認爲，網路公關的意義對組織而言，使用傳統公關操作方法，組織與公眾之間的交流，會因爲時間、金錢和其他資源等因素而大受限制。尤其在缺乏經費情況下，組織更不可能爲不同需求的目標公眾成立專責部門，一一進行長期雙向互動且平等的交流，以滿足各種差異性的需求。但是，網路及其相關技術解決了這個問題，幫助組織與公眾達到「雙贏」的目標。霍爾茨指出網路公關省時、省錢、資源龐大的特性，對於公關目標對象而言，有相當大的誘因。

米多伯格（Middleberg, 2001: 51-66）則提出數位傳播時代，成功的公共關係四項法則，他稱這四個法則爲「定義和實行網路公關傳播的實務指南」：

第二章　網路公關的基本概念

(一)速度致勝：簡單地說就是行動要快。因在網路上，速度成爲致勝關鍵，時間與市場不會等待，此時公關扮演著超越媒體管道的角色。

(二)人人都是創業家：不只是組織本身必須適應網路的速度，外在各種支援功能的代理人，包括法律、公關、廣告和行銷等，也必須改變他們的策略。而傳播策略要成功，公關人員必須瞭解，並判斷出合適的溝通模式。

(三)世界每一百二十天會結束一次：米多伯格用這句話形容公關人員原本就有時間壓力，而網路快速變遷與即時性，使時間的要求更爲緊迫。業主和公關人員不僅得適應急速變化的世界，更須在短暫時間內完成調查、計畫、媒體宣傳等工作，並以品牌的提升或轉型作爲成功與否的評量。

(四)公信力：公信力就是可信度，在網路中，具備快速、創業能力和彈性化外，還須建立公信力。其必要性已變成網路公關成功與否的重要元素。

　　將米多伯格提出的四項法則，與霍爾茨強調網路公關可爲目標公眾省時、省錢、提供龐大資源的特性兩相對照，可發現他們強調的重點皆在時間與速度。顯然定義與應用網路公關時，不能忽略這兩項要素。同時，當公關人員運用網路媒介時，應有基本的省思與期望，進而從中找出最適合的方法。在Emily Avila與Greg Sherwin合著的*What's Driving Your Web Strategy?* 一書中，就提出十二個在運用網路時應有的思考（圖2-3）（陳枝蘭，1999：64）：

(一)認清目標與目的。
(二)評估現有市場定位。

1. 目的	2. 評估	3. 定義	4. 敵我優勢
5. 目標對象	6. 傳播訊息	7. 策略	8. 潛在商機
9. 資源	10.評估效益	11.風險	12.管控程序

圖2-3　運用網路應有的思考

資料來源：陳枝蘭（1999：64）。

(三)定義市場定位。

(四)瞭解對手與自己的優勢。

(五)鎖定目標市場與對象。

(六)確立傳播之訊息與內涵。

(七)達成目標之策略與手法。

(八)評估網路計畫的潛在商機。

(九)分辨資源的資訊與內容。

(十)訂立評估其效率的方法與計畫。

(十一)認清風險。

(十二)充分瞭解委託對象與流程管控的程序。

第三節　網路公關的定義

　　從網路具備公開、近用低門檻等特性，結合公關活動目的在建立組織與公眾間友好關係，形塑出網路公關既有傳統公關思維，也能活用新科技優點。尤其從後者出發，不僅強調運用網路

特性，更須針對虛擬空間採取多樣化訊息策略，增進溝通成效。不過，要具體表述網路公關為何及規劃其工作策略之前，得先檢視其構成要素。

一、網路公關的構成要素

前述公關的定義指出，以公共利益為前提的公共關係，其目標對象主要是公眾，採用的方法為溝通傳播，維繫雙向良好互動。透過網路進行的網路公關，公共利益的目的仍與傳統公關相同；但在構成要素上，與傳統公關明顯區別之處，在於網路虛擬場域和實體環境活動運作的差異。

研究中國大陸網路公關的朱彥榮（2002）指出，網路公關構成要素為網上的各種社會組織、社會公眾與傳播，茲將這三大構成要素分述如下：

(一) 網上的各種社會組織：係指網路公關的主體，主要是建立網站，利用網路及其技術實現特定公關目標的各種組織、團體、企業、個人等。

(二) 社會公眾：係指網路公關的客體，既能夠接觸到網路，和網路上社會組織有直接或間接的聯繫，並對該組織產生影響的個人或群體、團體的總和。

(三) 傳播：指聯繫主客體的橋樑。目前網路公關的傳播方式，主要為各類網站、論壇、BBS、新聞組群、電子郵件、網路會議和即時通訊等。

朱彥榮認為，對公關人員而言，如何相互協調這三大部分為從事網路公關的重要課題。這三大構成要素和傳統公關構成要素看似沒有區別，同樣是組織、目標公眾與傳播方式，只是場域不

一樣；事實上，就因為真實與虛擬的差異，網路公關在虛擬場域中進行，其內容設計也隨之不同。

以目標公眾為例，傳統公關活動的目標對象，可從幼童到老人等各年齡階層，但是網路公關的目標對象則有所限制，幼童或無法進入網路者，將成為網路公關無法直接接觸的對象。此外，在傳播方式上，網路公關廣發電子郵件的速度、建構討論群組的場所，若搬移至現實環境操作時，花費的人力與成本將相當驚人，而這亦是傳統公關方式難以仿效或達成的。

二、網路公關的定義

再進一步來看「網路公關」的定義，這一新名詞剛出現時，國外有稱為e-PR，或PR on line、PR on the Web、PR in the wired world，但視其內容無非是指公關在網路上的運用。國內對名詞翻譯，則有e公關、數位公關的出現。由於電子科技、數位化是網路的特性之一，其他傳統媒體如今也紛紛朝數位化發展，光視字面意義似乎比網路公關範圍狹隘，且不易聯想。

那麼網路公關定義為何？（表2-5）英國網路公關專家海格（Haig, 2000: 3）指出：網路公關（e-PR）係指「網路上的公共關係」，可從英文拼字解析其意：

(一)e是指電子科技（e is for electronic）：線上活動大受歡迎，網路公關的e和網路上所進行的電子郵件、電子商務所用的e相同。而網路公關更涵蓋電子郵件系統、網路論壇等各個方面。

(二)P是指公眾（P is for public）：傳統公關只對單一目標公眾，現在看來已經過時，而更積極有效的作法應對不同

表2-5　網路公關的定義
....

Haig（2001: 3）	網路公關（e-PR）為網路上的公共關係。
朱彥榮（2002）	網路公關（Public Relations on net）也稱為e公關，是指社會組織為塑造組織形象，藉由網路、電腦、電信等數位化互動媒體等傳播、溝通手段來實現公關目標，影響公眾的科學與藝術。
中國大陸河北公關協會（公共關係世界，2003）	網路公關（PR on line）又稱線上公關或e公關，乃利用網路的高科技營造呈現企業形象，為現代公關提供了新的思維方式、策劃思路和傳播媒介。

資料來源：Haig (2001: 3)；朱彥榮（2002）；公共關係世界（2003）。

公眾或閱聽人進行分眾服務。網路提供這樣的特性，讓公關可以進入無限的全球市場，也能兼顧小至個人化的溝通。

(三)R是指關係（R is for relations）：在網路上建立商務和目標公眾之間的關係，是企業成功的關鍵要素。以網路即時交談對話功能而言，能夠同時建立許多一對一的關係，網路已成為商業世界最強而有力的關係建立工具。

Haig（2001: 5）認為，網路公關並非網路行銷的一部分，而是網路行銷的一種形式；亦即從網站宣傳到產品或服務銷售，網路公關提供一套有效而可行的方式，以探討和查核整個線上行銷過程。

另外，朱彥榮（2002）也認為，網路公關（Public Relations on net）被稱為e公關，是指社會組織為塑造組織形象，藉由網路、電腦、電信等數位化互動媒體等傳播、溝通手段來實現公關目標，影響公眾的科學與藝術。這也就是說，將公關視為科學，係因在進行公關工作時，必須先蒐集資料、資訊，綜合各項事實

進行研判。公關的研究調查，以社會科學研究方法為主，用科學方法進行研究的目的，是希望精確地找出目標公眾所在，瞭解公眾們有哪些意見與需求，也可避免組織浪費無謂的人力、物力與金錢去處理微不足道甚至不存在的問題，最重要的是透過研究提供參考數據與分析，一方面可以作為擬定公共關係計畫依據，另一方面增加公信力成為最佳宣傳。

　　而將公關視為一種藝術，乃因公關雖有很多原理方法，但並無固定或制式的流程、依照哪些步驟才能完成工作；真正實務運作時，只要遵循大方向準則，公關從業人員可以採用不同方法與途徑達成同一目標。這使公關實務工作如同一種藝術般，在運作過程可表現出不同風格與創意。尤其透過網路，發展的空間更大。所以對於網路公關而言，組織中每個參與者，不僅是創業家，也可被稱為藝術家。

　　中國大陸河北公關協會也指出，網路公關（PR on line）又稱線上公關或 e 公關，乃利用網路的高科技營造呈現企業形象，為現代公關提供了新的思維方式、策劃思路和傳播媒介（公共關係世界，2003）。

　　國內學者姚惠忠（2004：389）則認為，網路公關不僅凸顯了強烈的工具性，也要求公關人員建立新的工作態度和模式，並提醒必須與更多的「利害關係人」打交道。

　　綜合上述定義可發現，網路公關為公關在網路上的運用，但這不是將目光著眼在網路的工具性並視之為傳播管道，而應從網路電子科技、快速、互動溝通等特性出發，思考這個場域如何針對不同目標公眾需求擬定策略，進行溝通與服務，而在虛擬空間中發展出全新公共關係模式。

　　因此，沿著「個人或組織，為與目標公眾建立平等互惠的友好關係，透過各種傳播管道與策略，進行雙向溝通。」的公關定

53

第二章　網路公關的基本概念

義出發；若狹義的將網路視爲公關人員運用的新傳播媒介，「網路公關」的位階是公關策略所採用的溝通傳播管道之一，與大衆傳播、人際傳播、書面傳播等並列，新技術的出現就僅意味著公關活動增加或轉換新的傳播管道而已。然而，若廣義地從公關可在網路虛擬場域中，發展不同的溝通方式與策略面向來看，則可將之定義爲：「個人或組織，爲與目標公衆建立平等互惠的友好關係，透過網路場域的傳播管道與策略，進行雙向溝通。」這強調公關在虛擬場域的運作，也凸顯傳統公關的作爲，可轉移到網路虛擬場域進行，並因網路縮短時空距離而能與公衆快速建立關係。

進一步來說，將網路視爲「媒介管道」與「虛擬場域」最大差異，在於前者只將網路當作資訊傳播管道，透過網路傳遞公關訊息；但後者則是思考目前傳統公關在實體環境所運作的公關活動，幾乎都可轉換搬移至虛擬場域進行，其技術面向所獲致的經濟效益與影響性，明顯大於傳播管道的角色。

三、網路公關相關理論

公關運作的理論基礎，除源自於公共關係所涉及的傳播理論，包括溝通理論（如線性傳播模式、傳播循環模式）、說服理論（如兩級傳播理論、創新傳布理論）及宣傳研究等；而格魯尼（James E. Grunig）的優勢公關（excellent public relations）理論，則讓原本跨學門的公共關係，有一套完整的理論架構。這也意味網路互動特性，其實隱含著雙向對等（two-way symmetric）模式的思維。

表2-6　格魯尼公關四模式

....

公關模式	傳播方式	目的
新聞代理模式	單向溝通	宣傳
公共資訊模式	單向溝通	告知與說服
雙向不對等模式	雙向溝通	說服
雙向對等模式	雙向溝通	促進共同瞭解

資料來源：孫秀蕙（1997a：66-70）。

(一)格魯尼公關四模式

公關學者格魯尼強調公關實務人員在執行活動時，須與目標公眾溝通保持「對等關係」（symmetrical relations）所提出的「公關四模式」，被視爲公關重要的理論基礎。格魯尼認爲，所有的公關運作可以四種形式來概括：新聞代理（press agentry/publici-ty）、公共資訊（public information）、雙向不對等（two-way asymmetric）與雙向對等（two-way symmetric）（表2-6）（Grunig & Hunt, 1984）。茲分述如下（孫秀蕙，1997a：66-70）：

1.新聞代理模式：以單向溝通爲主，並以宣傳爲目的，所傳遞的資訊通常不完整，甚至誇大聳動，例如，影視娛樂新聞的宣傳造勢可爲其代表，此種模式占總公關運作的15%。

2.公共資訊模式：以單向溝通爲主，透過對外資訊的傳布，主要目的是告知大眾，次要目的爲說服，這種模式極爲常見，約占總公關工作的50%。

3. 雙向不對等模式：以雙向溝通爲主，並以說服爲主要目的，傳遞資訊的公關人員與接收資訊的公眾相互交流，不

第二章　網路公關的基本概念

過溝通的結果僅有利於公關人員所代表的組織，此一模式常見於大企業組織的公關部門，約占總公關運作的20%。

4. 雙向對等模式：以雙向溝通爲主，並以促進共同瞭解爲目標，溝通結果是以雙方互蒙其惠爲主，此一觀念在新的公關科學典範中爲非常重要的元素。

格魯尼的公關四模式，強調公關人員和目標群眾的「對等關係」；並認爲早期單向傳播說服的運作，已無法增進溝通效果。對等的雙向溝通，有助於增進彼此瞭解，提升溝通效益。而對等溝通的另一重要意義爲坦誠以對，不僅可創造「雙贏」，也增進公關運作的道德性。或許在實務操作上，會認爲這只是一種理想境地，組織很難放棄利益，也不易和目標公眾達到眞正的對等關係。但值得肯定的是，這將讓公眾感受到公關活動不再是僅有利於公關人員代表的一方。

而網路可說是格魯尼雙向對等公關模式的最佳實踐場域，因網路互動的特性，轉化成公關活動運作時，均以雙向溝通爲主要設計，並以促進共同瞭解爲目標，達到「互利」的目的，這也是網路公關優於傳統公關的重要利基。

(二)「虛擬」一詞的意涵

再從網路獨具的「虛擬性」檢視，哈洛克（Horrocks, 2001）指出，網路所形成的虛擬場域，凸顯眞實與虛擬之間「對眞實的模擬」、「眞實的補足」與「眞實的解消」三重意涵（楊久穎譯，2002）。

第一層對眞實的模擬，爲對現實界的模仿，但實意味著網路公關可複製傳統公關的操作型式。第二層眞實的補足，則進而指出眞實之不足，透過虛擬性可使之近乎完滿，例如，配戴眼鏡能

解決視力不佳的問題,網路公關同樣可以補充傳統公關操作無法達成之處。第三層眞實的解消,強調眞實的徹底解消,人們可以從世界中逃脫而進入科技所創造的環境,意味著未來公關操作,也許正可藉由網路此一場域全面取代。

　　無論從上述何種角度出發,顯然重新定位網路公關是不容忽視的重要課題。尤其網路公關可複製傳統公關的操作型式,甚至虛擬性補足傳統公關所無法迄及之處,則係以下章節所欲探討重點。

第四節　網路公關的工作內涵

　　網路公關工作首要目的,是希望藉由網路互動強化公眾的認知形象。因此,並非把傳統公關搬上網路就已足夠,還要懂得宣傳之道,搭配傳統媒體特質,把訊息傳給公眾(丁源宏,2000);繼之,能吸引目標公眾主動上網搜尋,建立雙方良好關係。除重視訊息曝光度外,公關活動主題必須具備差異性,才能引起公眾注意。這也是公關人員在規劃公關策略時成功的關鍵因素。

　　但光是瞭解這些原則還不夠,爲有效進行網路公關活動,在建構策略之前,必須瞭解網路公關的工作內涵。茲就建立組織形象、提供資訊服務、重視行銷溝通、規劃網路EVENT活動、維繫內部及外部關係、招募並經營會員和危機管理七個面向說明:

一、建立組織形象

　　形象是企業的無形資產,如何將優質的形象傳達到社會大眾

心中，已是企業刻不容緩的課題，也是未來企業致勝的關鍵。而公關（Public Relations）正是塑造優質形象的魔法師，展現企業的競爭本質，建立對外溝通的橋樑。組織在進行網路公關工作時，第一步則是營造符合公司風格之網站，不論在版面、用色、照片的使用上，都力求符合公司的企業文化，並留意每個頁面都能看見組織的企業識別系統（Corporation Identification System, CIS）或標誌（Logo）；除此之外，清楚地介紹公司並認識相關產品基本資料，也是組織在規劃之初應關注的環節，以確保首次瀏覽之消費者，能再次登錄，留下優質的印象。

二、提供資訊服務

網路上的資訊被稱為數位資產（digital asset），屬於無形的、非實體的組織資產，通常經由電腦儲存或傳遞，內容包含所有用來呈現組織架構、產品、服務等資料。而這些資訊屬於公共財的性質，不具有排他性（林主榮，2005）。然而這些資訊對消費者來說，相當具有價值，如旅行社提供匯率表、各地氣候狀況、首次出國登機指南、旅遊景點介紹，可讓自助旅行者先行掌握出國情報，不致敗興而歸。就網路公關而言，能提供及時且正確的資訊能為組織帶來有形或無形的好處，包括獲得投資者的青睞、建立良好的公共關係。

三、重視行銷溝通

網路公關和傳統公關最大的差異，即在真實世界的公關多仰賴於專業人士把關或操刀，維持與記者間良性關係。在網路世界則無須巴結無冕王或投資大筆資金在廣告策略上，可透過組織的

網站、電子郵件，以及小組討論等，讓公關工作者更直接地與消費者溝通（陳體勳，2004）。

　　回顧1999年底發生於台灣的九二一大地震，網路便是一個重要的救災溝通工具，不僅作為第一手訊息的即時來源，有時甚至與電視、廣播媒體難分軒輊，更是許多民眾用以支援救災的重要管道。許多企業便透過網路展開募款與募集救援物資的媒介，如蕃薯藤、宏碁網路商場（AcerMall）等，都在各自的網站上展開義賣與募款，希望能藉此對救援工作有所投入，同時進一步作到企業公關與形象的強化工作。以宏碁電腦為例，該公司利用集團旗下的網路事業部，在宏碁網路商場進行網路商品義賣與捐款，並透過網網相連的特性，與其他相關救災網站作連結，形成一個完整的資訊管道，就公共關係的角度而言，宏碁在這點算是成功的，基於宏碁原來就是電腦業者的背景，能夠逕自在網路上進行投入救援的工作，可以為其電腦業者的形象加分；此外，在災後隔天，宏碁的網路事業部便立即對救災作出回應，不僅立即對留有資料紀錄的顧客進行電子郵件的慰問外，還完成與蕃薯藤的合作計畫，應變能力算是相當地快，可算是網路溝通的成功案例（丁源宏，2000）。

四、規劃網路EVENT活動

　　規劃網路EVENT活動可藉由話題，引起討論、注意，為網路公關活動成功的關鍵。網路強大的資訊傳染力和網友高度投入性，使網路在支援公關活動上往往能以低成本達到推波助瀾的效果（黎榮章，2003）。

　　如BOBSON邀請歌手林佑威代言牛仔褲，在網路上進行「票選嘻哈佑威活動」與「大家來找佑威的碴」遊戲。則是公關人員

藉由網路遊戲互動過程，傳遞BOBSON多樣穿著的商品特色，吸引年輕消費者對品牌的喜好及認同，並至實體通路進行消費，類似這樣的公關活動已在網路上發酵。

在入口型網站刊登折價券下載訊息、預約試乘汽車活動，或是新奇、有趣的主題，吸引目標公眾的目光，規劃網路活動只要多加點巧思可以與實體活動達到相加相乘的效果（黎榮章，2003）。

五、維繫內部及外部關係

組織與公眾間進行雙向溝通，是公關工作的主要任務，其目的在建立雙方互蒙其利的關係。網路互動性的特質，使得組織與公眾均能即時獲得回應，避免發生誤會。故網路公關並非單純指陳透過網路發布新聞稿，它是一種與公眾互動的溝通模式。如個人或組織針對不同目標公眾喜好登錄的網站和論壇進行資訊發布，並能馬上從評論中得到目標公眾的評價，調整公關策略的方向。

NIKE公司於2004年邀請NBA傳奇人物喬丹訪台，對於喬丹與球迷會面僅不到兩分鐘而引發為「喬丹快閃事件」，從中可知公眾於網路集結的力量，以及網路言論可能帶來的影響，使得企業應思索網路公關可能帶來的效果，並且暸解網路公關策略的使用，以掌握網路時代資訊流通的速度，以因應急速變化的世界，同時為自身製造話題與流行。

透過線上機制與組織基層員工交流，消除對話雙方因社會地位不同所造成心理隔閡，如部長信箱則是一例，藉由網路溝通工具，增強組織凝聚力和文化認同。

六、招募並經營會員

獲得目標公眾的忠誠度，以使產品在市場上建立穩固的品牌地位，也是公關人員在規劃訊息策略時應考量的因素。組織可採取定期發送電子報的方式，使目標公眾獲得最新相關訊息。另外，當會員進入網站時，能呈現流暢性及豐富性的服務，會使目標公眾更親近產品。另外，也應定期重整忠誠會員資料，請會員上網確認及更新個人資料，給予會員優惠折扣券，能達到促銷新品並帶入實體銷售據點的目的。

如國際知名樂團Linking Park在電視廣告發行最新現場演唱會DVD前，便透過網路由一群忠實歌迷呼朋引伴，完成一場大螢幕DVD欣賞會。欣賞會讓這群無法親赴演唱會現場的歌迷讚嘆不已，並決心預購珍藏DVD（黎榮章，2003）。由此可見網路招募會員並用心經營，有助於組織拓展形象，達成雙贏局面。

七、危機管理

對於危機處理方面，網路公關更有著傳統公關無法比擬的優勢。危機處理的關鍵是做出正確的反應，採用正確的公關策略，如何判斷反應是否正確，公關策略是否正確就涉及到資訊的回饋速度和準確性上，許多不成功的危機處理就是在錯誤的時刻做出錯誤的決定，所以資訊的回饋速度和準確性就顯得格外重要（林建德，2005）。

傳統媒體在資訊發布和傳播的速度都比網路慢半拍，更何況資訊回饋。網路危機處理應在事件發生開始就能蒐集到各方回饋資訊，並據此做出正確的應對策略，將負面影響控制到最小，防

止事態進一步惡化。對網路公關而言，針對不同群體的差異性進行點對點的溝通，尋求公眾的理解和支持，得到公眾的理解和支持就是成功的危機處理。

第五節　網路公關的功能

傳播形式上，網路公關屬於「遠距離溝通」（telelogic）的溝通形式，溝通雙方從遠距離透過媒介互動進行對話。學者Ogan（1993）指出遠距離溝通形式至少有資訊、財貨與服務的交換，建立並維持情感，以及辯論等功能（孫秀蕙，1997b）。討論網路公關所擁有的功能，並加以轉化運用於實際環境中，是發揮最大溝通效果的前提。

一、網路公關對公眾、組織、商業的功能

前章述及，探討公關功能除了關切目標公眾，也須重視對組織層面的影響；而後者範圍小至單一消費者，大至涵蓋整個市場。學者認為傳統公關對組織的功能主要有：監測環境、幫助決策、宣傳引導、溝通協調、全員教育（熊源偉，2002：64-72）。雖然傳統的公關功能基本都適用於網路公關，但受到網路傳播特性影響，學界和實務界的研究發現，網路公關另有其特殊功能。

杜娟（2000）的研究就指出，網路公關強化了傳統公關的「軟營銷性」，並顯現「個性化」與「直接互動」等特性。所謂軟營銷性，就是軟性行銷，傳統行銷有兩種強勢行銷手段，一是廣告，另一是人員推銷。公關雖和廣告有所區別，卻是一種軟性行銷，因透過公關運作，可提高企業形象，也能促進產品銷售，增

加企業利益；網路公關可藉虛擬空間置放大量說明資料，技術上還可以「超連結」功能增加資訊量；另外，多媒體的應用更增加點閱吸引力。

個性化則是網路使用者的自主性；個人在網路擁有資訊處理的自主權，使得組織公關人員須以更創新和豐富的資訊，吸引網路使用者，進而提供量身訂作的個性化資訊。直接互動則是網路能連結組織和公眾，不似傳統媒體般，有記者、編輯等守門人，層層過濾篩選資訊。

米多伯格（Middleberg, 2001: 17）檢視網路公關功能指出：速度、接觸、互動新規範、品牌再造以及事業夥伴蔚成潮流，係因公關受到網路出現而激發出的五大商業潮流，也使得商業本質因為網路而改變。同時，從人才、策略、方法應用到核心商業實務，均因網路之力形成當今網路經濟的全貌。

二、網路公關對公關人員的功能

除上述網路公關對於公眾、組織、商業的功能外，網路對於公關人員亦有訊息傳播設計選擇的功能，例如，考量一對一或一對多、單向或雙向、即時性、文字與多媒體應用，增添公關人員企劃與擬定策略的選擇性，有助於培養個人良好溝通能力（表2-7）。

表2-7　網路公關的功能

對象	功能
公眾	建立友好關係。
組織	監測環境、幫助決策、宣傳引導、溝通協調、全員教育。
商業	速度、接觸、互動新規範、品牌再造、事業夥伴。
公關人員	傳播設計選擇、培養個人溝通能力。

資料來源：Middleberg(2001: 17)；杜娟（2000）；熊源偉（2002：64-72）。

顯見，網路和公關活動結合，將可產生比傳統媒介更有魅力、效果倍增的公關活動。善用網路公關，將使未來公關活動具互動性、整合性、資訊共享、節省成本、縮短時間與距離感。

第三章
網路與目標公眾

在傳統公關定義中，公共關係傳播溝通的對象是公眾；公眾不僅非單一觀念，且有不同類型。而公關活動所設定要達成之計畫目標中，欲直接溝通的公眾即是目標公眾。目標公眾特性與意見在公共關係中有其意義價值，釐清目標公眾的目的除在於達成組織公關計畫，更有經濟面省錢、省時、省力的務實考量。

網路公關雖透過虛擬場域而進行，但同樣有其計畫用意與目標公眾；然而，網路公關的公眾與傳統公關有何不同？網路公關的目標公眾有哪些？如何區分？則是本章討論重點。本章第一節先分析公眾的涵義進而界定網路公眾，探討網路公眾與網路公關公眾的差異，並檢視與傳統公眾特質上的異同處。第二節從「利害關係人」的角度切入，探討網路公關的目標公眾為何。第三節更進一步說明網路公關目標公眾的特性。

第一節　網路公關公眾的定義

「公眾」（public）字義源自拉丁文poplicus、populus，為「人民」的概念。在公共關係中，公眾指的是與公關主體利益攸關並相互影響和作用的個人、群體和組織的總和，亦即公關傳播溝通的目標與對象（鄭貞銘，1999：291）。在相當多的學門領域，公眾都屬於重要的基礎與討論概念。

一、公眾、大眾和群眾

在公關討論範圍內，各種組織由於性質、管理、目標、利益和價值觀念差異，以及成員結構、運作方式、環境條件不同等種種因素，有各自須面對的公眾。以政府機關為例，服務的公眾對

象是人民，即一般所說的社會大眾；對企業而言，其公眾對象主要就是客戶、消費者。

但是，公眾和一般所謂的大眾（mass）有何不同？簡單來說，公眾本身有共同的目標與認知，而大眾一詞雖代表龐大的數量、範圍與領域，卻無共同意識和目標（McQuail, 2000: 14）。

人類社會開始有大眾與公眾之別是在工業革命後，大眾泛指工業化社會中，互不相識、不相聞問往來的個人所形成的龐大集合體，彼此間缺乏正式的組織規範，卻無共同的意識和目標。公眾則是有共同目標與認知的人們，透過相同形式組織而成，並且自由參與公共議題的討論（McQuail, 1997: 6-7）。

大眾在實質上近似群眾（crowd）。所謂群眾，在量上，指居民中的某一部分；在質上，是個鬆散的結構，不一定有合群的整體意識（表3-1）（熊源偉，2002）。很明顯地，大眾、公眾及群眾的概念雖易混淆，但最大區別在於公眾有共同的目標與認知，大眾和群眾則無，且缺乏秩序或組織，而大眾和群眾的明顯差別則在於數量上。

公眾既是公共關係的重要概念，為理解公眾和大眾、群眾之

表3-1 公眾、大眾和群眾的區別

	區別
公眾	有共同目標與認知的人們，透過相同的形式組織而成，並且自由參與公共議題的討論。
大眾	工業化社會中，互不相識、不相聞問往來的個人所形成的龐大集合體，彼此間缺乏正式的組織規範，卻無共同的意識和目標。
群眾	在量上，指居民中的某一部分；在質上，是個鬆散的結構，不一定有合群的整體意識。

資料來源：McQuail(1997: 6-7; 2000: 14)；熊源偉（2002）。

第三章 網路與目標公眾

別，從公眾有整體性、同質性、多變性、層次性和相關性等五個基本意涵，有助於對公眾一詞更深入瞭解（鄭貞銘，1999：291-295；熊源偉，2002：145-147）：

(一) 整體性：或稱為群體性，公眾不是單一的觀念，係與某一組織運行有關的整體環境。公共關係工作不能只注意其中某一類公眾，而忽略其他；公關人員必須將組織所面對的公眾，視為一個整體環境，以全面、系統的觀點進行分析。

(二) 同質性：或稱為共同性，公眾為具有某種內在共同性的群體，而非如一盤散沙，其屬性為具有共同背景、問題、需求、興趣、利益等。意思是說，公眾對於某項議題抱持類似意見，或是屬於某一組織的利益關係人，公共關係人員分析公眾時，必須瞭解其共同性，甚至區分出不同的公眾對象。

(三) 多變性：公眾存在的形式不是一成不變，而是處於不斷變化的過程。因為組織所面對的公眾會隨主客觀環境變化，組織產生變化也會使對應的公眾環境有所變化，兩者互相影響牽制。公關人員須時時注意所面對的公眾變化，並以組織長遠發展眼光認識公眾。

(四) 層次性：或稱為多樣性，公眾為一種社會群體，存在形式並非單一，而是複雜多樣的，意即角色之間可能會互相重疊。具體的公眾形式可以是個人、群體、或是團體、組織等類別，而即使為同一類公眾，也可能以不同的形式存在，公關人員必須瞭解公眾形式的動態與多變性，調整溝通方式與傳播媒介。

(五) 相關性：公眾是具體的、不是抽象的，與特定的組織

（即公關主體）相關的。公眾的意見、觀點與行為，對組織目標與發展，有實際且決定性的影響力，此種相關性更是組織和公眾形成公共關係的關鍵。公關人員找尋公眾、界定公眾的目的，就是尋找與確定此種相關性，作為擬定公關策略依據。

二、公眾的類型

劃分公眾有不同標準和方法，但基本可以分類為：不同的組織有不同公眾、同一個組織有不同的公眾、同一種公眾有不同的分類等三大類型（表3-2）（熊源偉，2002：148-158）：

表3-2　公眾的類型

分類			類型
從公眾的基本意涵分類	不同的組織有不同的公眾		營利組織公眾、非營利組織公眾
	同一個組織有不同的公眾		股東、員工、顧客、社區民眾、一般大眾、消費者、競爭同業、媒體
	同一種公眾有不同的分類	關係程度	首要公眾與次要公眾
		組織態度	順意公眾、逆意公眾、邊緣公眾
		構成穩定性	臨時公眾、週期公眾、穩定公眾
		價值判斷	受歡迎的公眾、不受歡迎的公眾、被追求的公眾
		發展階段	非公眾、潛在公眾、知曉公眾、行動公眾
從情境理論分類			潛在公眾、知覺公眾、行動公眾
組織之關係分類			內部公眾、外部公眾

資料來源：熊源偉（2002：152-157）；姚惠忠（2004：29-31）。

(一)不同的組織有不同的公眾：各種組織因爲組織與利益等考量、環境條件與運作方式差異，必然面對不同的公眾，最常見爲營利和非營利組織公眾類型區別。

(二)同一組織有不同的公眾：是指任何一個組織不會僅面對單一公眾，會因需求、利益、問題等性質和層次不同，面對不同類型公眾。以企業爲例，從內部管理、外部管理到經營範圍，就可列出股東關係、員工關係、顧客關係、社區關係、一般公眾關係、消費者關係、競爭同業關係、媒體關係等多種不同的公眾關係。

(三)同一種公眾有不同的分類：指的是同一種公眾又可以根據不同標準作出區分。例如，根據關係重要程度，分爲首要與次要公眾；根據對組織態度，分成順意公眾、逆意公眾、邊緣公眾；以公眾構成的穩定性程度，分成臨時公眾、週期公眾和穩定公眾；依據組織的價值判斷，分爲受歡迎的公眾、不受歡迎的公眾和被追求的公眾；甚至根據公眾發展過程不同階段的特點，可以將公眾分成非公眾、潛在公眾、知曉公眾、行動公眾。公關人員可依據組織所面對的公眾進行分析與認識，甚至予以有系統分類。

上述劃分方法，是從公眾的基本意涵衍生而出。公關溝通對象與組織營運發生不同關係，就會形成不同類型公眾；透過公眾的同質性，也可區分出不同的公眾對象；當組織內外環境產生變革，所形成的公眾也會產生變化；公眾的形式是多樣的，即使同一類型，也可能以不同形式存在；而且公眾意見對於特定組織有決定性的影響力。這些特徵也說明每個組織都有特定的目標對象，而且差異甚大。影響所及，使得公眾分類越形複雜，公關人

員必須依組織需求和目的，採取不同分類標準。

此外，亦有從情境理論和與組織之關係兩個角度加以分類（姚惠忠，2004：29-31）。格魯尼所提出的情境理論（situational theory），主張不同情境認知產生不同程度的傳播行為，也產生各種類型公眾，並認為傳統市場區隔概念，不足以解釋公眾的行動角色，必須從其心理層面和對問題的認知程度，來分析公眾參與事件的特性。

因為一般人在日常生活接觸大眾媒介獲得資訊，常常是被動接收，要在特定情境下，意識到該訊息與自己有關，才會積極主動搜尋相關資訊。所以藉由對特定情境的知覺差異，亦可界定出不同公眾種類。

格魯尼以公眾行為和涉入問題程度為判準，依事件發展的情境階段，把公眾分成潛在公眾（latent public）、知覺公眾（aware public）和行動公眾（active public）三種類型：

(一)潛在公眾：係指組織運行中可能面臨某些共同問題，但尚未認知到該問題存在的公眾。

(二)知覺公眾：係指認知到問題重要性，但尚未有進一步反應的公眾。

(三)行動公眾：係指認知到問題的存在，而且會主動蒐集相關訊息，或加入相關組織；並認為該議題或問題非常重要，得採取實際行動解決問題。

最常見例子是商品瑕疵所衍生的消費糾紛，例如，某企業生產銷售的商品設計不當容易損壞，在消費者尚未察覺購買使用時，這些消費者就是該企業的潛在公眾；而當商品問題曝光，消費者雖然知道，但若沒有採取申訴、退貨或抗議等行動時，只是自認倒楣或下次不再購買，則屬於知覺公眾；而若該企業遲未主

第三章　網路與目標公眾

表3-3　與組織之關係劃分的公眾類型

與組織之關係劃分的公眾類型	
內部公眾	員工、股東
外部公眾	消費大眾、上游供應商、下游經銷商、政府、媒體、同業公會、社團組織、金融界、社區公眾、贊助商

資料來源：作者整理。

動或妥善處理，引發知覺公眾不滿採取申訴、退貨、抗議，甚至串聯、集體抵制等行動，此時知覺公眾已經轉變成涉入感很深的行動公眾。

　　與組織之關係劃分的公眾類型，是傳統公關計畫最常見的概分方法，基本上可分為內部與外部公眾（**表3-3**）。內部公眾主要是指組織內的員工和股東（即投資人），透過充分溝通，讓員工與股東認同組織，產生有利的態度，進而協助組織宣傳，是公共關係重要的工作項目。外部公眾則涵蓋一般消費者與和組織發生關係的外部特定對象，從組織生產、製造、行銷、監督、社區關係等各個面向均有相關的公眾。

　　從上述對公眾涵義和分類得知，公眾類型眾多，組織想要全部兼顧有其實際困難，因此，應依組織需求建立優先次序，透過不同公關活動達到所設定的目標；而逐一與目標公眾建立良好關係，乃是較有利的運作方式。

三、網路公關的公眾

　　網路公關傳播溝通的目標對象仍是公眾，也是類似大眾、群眾般代表龐大數量、範圍與領域的集合體。網路公關活動的目的，亦是希望針對其目標公眾達到特定公關目標。此一觀點使網

路公關和傳統公關的公眾看似無異，事實上仍有其不同處。

　　首先，網路使用者是否構成公眾的要件？以構成公眾的整體性、同質性、多變性、層次性、相關性等五項基本意涵檢視（圖3-1），可發現：

(一)在整體性方面：與傳統公關指涉的公眾相同，網路上的公眾不是單一觀念，係與某一組織運行有關。公關人員必須將組織在虛擬空間中所面對的網路公眾視為一個整體環境，以全面、系統的觀點進行分析。

(二)在同質性方面：網路公眾明顯地是一群使用網路的群體，但其組成背景與興趣、利益則有殊異；因此這種同質性顯現在對某項議題持類似意見，或是屬於某一組織的利益關係人時，網路公眾透過網路參與、互動溝通。

(三)在多變性方面：網路公眾存在的形式，同樣會隨主客觀環境、組織的異動而改變，並且因網路容許各種參與者

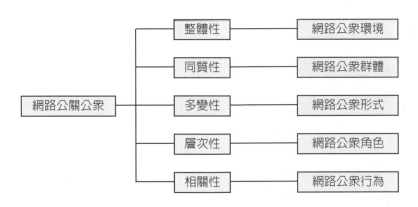

圖3-1　網路公關公眾的組成

資料來源：作者整理。

第三章　網路與目標公眾

加入而顯得難掌握；所以公關人員在規劃目標時應著眼於長期經營，而非短線操作。

(四)在層次性方面：網路公眾為存在形式更為複雜，再加上網路匿名性特質，公眾角色不僅多樣，也不易辨別。層次性成為公關人員瞭解公眾時，調整溝通和傳播策略的一項新挑戰。

(五)在相關性方面：雖然網路是虛擬的，但網路公眾卻是具體存在，並與特定組織相關的。公眾的行為、意見，對組織的目標與發展，同樣具有實際且決定性的影響力。

由此可見，網路使用者仍具備構成公眾要件，特別是因為對某些議題持類似意見、透過網路而形成組織時更為顯著；這部分的使用者不僅主動性強，且因為對議題的涉入而更強化其行動公眾色彩。

其次，必須釐清「網路公眾」與「網路公關公眾」兩個概念。「網路公眾」係指透過電腦設備連接網路，在虛擬空間使用資訊傳播的人們；在數量上受到接觸網路門檻限制，故明顯少於大眾和群眾，同時也可能有年齡與使用科技設備能力的限制。換言之，上網的人們都屬於網路公眾，網路可視為一種媒介管道，乃公關活動透過網路傳播溝通的對象。

「網路公關公眾」則是指將網路當成公關操作的虛擬場域時，所欲達成公關目標的對象。亦即組織建立網站、利用網路及其技術進行網路公關運作，對目標公眾，實現特定公關目標。對組織而言，網路公關公眾亦是指與公關主體利益相關，並彼此影響和作用的個人、群體和組織總和，但是這群公關傳播溝通的目標對象，則係透過網路這個場域進行接觸。

此外，網路公關公眾與組織的關係，亦同樣可劃分為內部與

外部公眾。內部公眾主要是指組織內的員工和股東。外部公眾則指能夠接觸到網路，透過網路和組織有直接或間接聯繫，並產生影響。此涵蓋一般網路使用者，以及和組織發生關係的外部特定對象，從組織生產、製造、行銷、監督、社區關係等各個面向，皆有相關的公眾。

第二節　網路公關的目標公眾

　　由前一節瞭解網路公關公眾的基礎後，進一步應思考，網路虛擬場域和傳統公關真實環境相仿，存在許多公眾，公關人員的理想目標是和所有公眾建立友好關係，但實際執行則有其困難。因此，從與組織利害相關的公眾著手，成為公關人員設定公關目標與策略的優先次序之考量。同時，網路公關的公眾均有近用網路能力，加上網路的傳播特性，使得網路公關公眾在媒介選擇的機會更甚以往，訊息個人化的需求程度也最大，公關人員必須在網路上認識與組織相關的「利害關係人」，並與之建立友好關係。

一、網路場域中的利害關係人和目標公眾之區別

　　何謂利害關係人（stakeholder）？美國公關學者格魯尼描述「利害關係人」為：「其一為組織內部次系統的運作管理，其二就是組織外部的利害關係人，透過教育、協商、壓力或是法令規範等手段，以外圍力量督促組織從事契合其利害的行動」（吳宜蓁，1998：95）。利害關係人所指為組織施行公關作為的主要對象，因為來自組織內外部的人們，會出於和自身利害關係的理由，而對組織產生支持或反對的態度；組織要長遠發展，則不能無視其存

在。

　　學者Heath（1997）則指出，組織可能面對的各類利害關係人包括積極公眾、同業、跨產業成員、潛在積極公眾、顧客、員工、立法者、執法者、仲裁者、投資者、社區近鄰、媒體等（**表3-4**）。

　　Heath所指出會對組織造成影響的人，同樣可依公眾類型劃分區別為內部與外部公眾。一個組織所面對來自內部利害關係人，主要有員工和投資者；來自外部環境的利害關係人則有積極公眾、同業、跨產業成員、潛在積極公眾、顧客、立法者、執法者、仲裁者、社區近鄰、媒體等。這些利害關係人會衡量各種自

表3-4　利害關係人的類型

利害關係人	說明
積極公眾	彼此結合以增強其影響力的群眾。
同業	同一產業的其他成員。
跨產業成員	其他產業的成員。
潛在積極公眾	依照人口統計或意見調查而區隔出的群眾，尚未認知到組織的行為是否會影響他們。
顧客	與組織交換貨物或勞務的人。
員工	為得到金錢報酬而與組織交換時間、知識或技能的人。
立法者	制訂賞罰性法令的人。
執法者	執行法律或規範的人。
仲裁者	闡釋法令或法規的人。
投資者	提供組織財務協助的個人或實體。
社區近鄰	居住於組織附近，以及自身利害受到組織運作之影響的人。
媒體	記者、編輯及新聞主管等期望理解、報導及評論議題或事件的人。

資料來源：姚惠忠（2004：437）。

身利害關係因素，對組織產生支持、維護或反對、厭惡等心態。

　　利害關係人有正反兩面，而內部或外部公眾也會出現支持或反對組織的利害關係人。以企業內部公眾來說，股東希望公司賺錢，分得更多紅利，明顯屬於支持該企業的利害關係人；而企業外部公眾的上游廠商，希望公司銷售量大增，才會進更多原料生產製造，也是屬於支持該企業的利害關係人。相對地，對於一家發生財務困難的企業而言，內部有被積欠薪水的員工，外部也有收不到貨款的協力廠商，兩者均反對該企業提出薪水和貨款打折給付的財務紓困方案時，則都屬於該企業的利害關係人，立場是與組織對立。

　　從傳統公關的角度找尋利害關係人並不困難，公關人員可從組織內部活動或管理運作輕易辨別；即使是組織外部的利害關係人，也能從行動的推動者或參與者、透過媒體出聲發表意見或鼓吹者，甚至從口語談話中就可以研判出是否為所要鎖定對象。但在網路場域中，每個可透過電腦、電信等數位設備連接上網的使用者，皆擁有和傳統媒體發聲或出版相同的地位。因此，如何在網路上找出利害關係人，已成為公關人員必須熟悉的實務技巧。

　　利害關係人雖被視為優先公眾、關鍵公眾，然而利害關係人也和公眾相似，呈現不同類型及複雜情況，公關人員應依照組織需求與所處情境，排列溝通對話與建立關係的優先次序；亦即設定達成目標的策略。因此，利害關係人雖可能是設定目標公眾的優先對象，但未必等同目標公眾，這須根據受組織影響的自身利害關係考量。

　　再者，界定目標公眾是公關實務不可或缺的一環。確定目標公眾目的在於蒐集、準備能被公眾接受，又有實際效果的資訊，進而策劃具體的公關活動方案，例如，選定參與人員、選擇傳播媒介等。

Haig（2000: 13-14）指出，以大眾傳播的角度審視，實際會影響組織網上業務的公眾如下所示：

(一)顧客。

(二)潛在顧客。

(三)其他消費者。

(四)投資人。

(五)競爭對手。

(六)貿易組織。

(七)新聞記者。

(八)產業界人士。

(九)搜尋引擎檢查人員。

(十)討論群組的版主。

(十一)員工。

(十二)制訂線上規則者。

(十三)線上贊助商。

(十四)線上廣告戶。

(十五)壓力團體。

(十六)與網站互聯的公司行號。

Haig所列舉的網上公眾，既是組織網站或網上活動有關的利害關係人，也是網路公關的目標公眾；他認為公關人員必須針對每一種公眾，列出其差異性，並依據年齡、地理位置、性別、社會人口、網路使用習慣、忠誠度等因素進行歸納分析，找出目標公眾；而網路互動特質，更可為之量身製作訊息，使得公共關係人員不須將工作局限於單一目標公眾身上。

不過較特殊的是，搜尋引擎檢查人員也被列為網路公關目標公眾；這不僅迥異於傳統公關，其意義也凸顯除了在遵循網路搜

尋引擎的商業遊戲規則，更希望讓組織的網站能在搜尋結果排序中脫穎而出，使之更易呈現在其他公眾眼前。而隨著搜尋工具程式日益翻新，將搜尋引擎檢查人員視為目標公眾的意義，已不再於是否真正有檢查人員或如何鎖定這些人，而在於如何迎合或擅用各搜尋引擎的搜尋技術、工具與規定，讓組織的網站在眾多網址中名列前茅。

二、網路公關與傳統公關的目標公眾之差別

Heath從傳統公關目標公眾角度分析出組織的利害關係人，若與Haig的網路公關目標公眾比較分析（表3-5），可明顯看出兩者之別；雖然部分目標公眾有些雷同，且扮演的角色意義仍與傳統公關目標公眾無異，但因為網路特性使然，仍使其身分特性有些轉變。

對組織而言，網路公關在實體環境中的目標公眾，當然也涵蓋於傳統公關的目標公眾範圍；但傳統公關的目標公眾若非網路近用者，則未必是網路公關的目標公眾。事實上，由於網路媒體傳播特性，組織的利害關係人類型明顯產生改變，個人化、匿名性與社群成為公關人員新的挑戰，其中以被視為核心利害關係人的意見領袖改變最大。公關人員必須與這些新的利害關係人建立與維持友善關係，策劃適切的公關計畫，以獲取組織最有利的運作環境。不過要找出意見領袖，在傳統公關中，可從媒體發言或人際傳播管道中觀察得知；但網路虛擬環境與匿名特性，則使之難以明確標定，有些網路中的意見領袖甚至可在公關人員無法看見和辨識情況下自由發言。這不僅增添網路公關的挑戰，也是網路公關與傳統公關目標公眾最明顯的不同。

換言之，導因於網路的傳播模式，大大提高網路使用者對資

表3-5　網路公關目標公眾與傳統公關目標公眾的比較

目標公眾類型	傳統公關目標公眾	網路公關目標公眾
提出者	Robert Heath	Matt Haig
扮演角色	積極公眾	討論群組的版主
	同業	競爭對手
	跨產業成員	與網站互聯的公司行號
	潛在積極公眾	潛在顧客
	顧客	顧客
	員工	員工
	立法者	制定線上規則者
	執法者	搜尋引擎檢查人員
	媒體	新聞記者
	投資者	投資人
	仲裁者	※
	社區近鄰	※（社群）
	※	其他消費者
	※	貿易組織
	※	產業界人士
	※	線上贊助商
	※	線上廣告戶
	※	壓力團體

資料來源：Heath(1997)；Haig(2000)。

訊來源的選擇能力，而網路公眾的自主性，完全擺脫類似傳統媒介版面與時段等限制，可自由發表意見，面對組織所提供的資訊也有更大控制權。公關人員面對網路公眾虛擬環境的主動意見，更應化被動為主動，迅速掌握網路公眾的看法與意見，藉助網路雙向互動即時回應，或擬定相關應變策略（表3-6）。

表3-6　網路公關公眾與傳統公關公眾的差異

	傳統公關公眾	網路公關公眾
使用網路	不一定	一定
公眾對象	實體公眾	實體公眾與虛擬公眾
溝通效能	受時效資源限制	較不受時效資源限制

資料來源：作者整理。

第三節　網路公關目標公眾的特性

　　網路公關公眾與傳統公關雖有其同，但差異更大。主要為網路公眾的先決條件，必須為網路近用者。

　　網路成為一種媒介，乃憑藉其技術條件而來，包括獨特的使用方式、特別的內容與服務，以及與眾不同的自我形象等因素（McQuail, 2000: 29）。使用網路必須擁有電腦、電信等硬體設備，以及瀏覽網頁的基本技能，而非如同接觸報紙、雜誌、廣播、電視等傳播媒體般，只要能看、聽、讀，就可以接收訊息。同時，進入網路有其較高門檻條件，包括擁有電腦等介面設備、操作的基本技能、支付連接網路費用，和傳統媒介相較之下，得付出較高使用成本。因此，無法接觸到網路的公眾，縱使是組織的目標對象，亦是網路公關運作時無法接觸的一群。

　　另外，網路公關公眾主動使用媒介的形式，很明顯地具有主動閱聽人的特徵。學者Biocca曾從文獻中，提出閱聽人主動性的意義和概念如下（McQuail, 2000: 380-382）：

　　一、選擇性（selectivity）：閱聽人在媒介和內容中所能運用

的選擇和類型越多，就越能描述其爲主動。意即非常重度的媒介使用，越可能被定義爲不具選擇性，因而就不是主動的。而人們經常習慣性使用媒介的「儀式性」使用模式，由於過度依賴，也被認爲不是主動的。反倒是有所目的和選擇的使用，被認爲較有資格是主動的使用。顯然，當網路使用者爲尋求特定資訊或從娛樂內容中尋求滿足時，屬於有選擇性地上網，可稱爲是主動閱聽人。不過，亦存在有些使用者是習慣性上網，漫無目的的瀏覽，如同一種儀式性使用。

二、實用主義（utilitarianism）：閱聽人是「自利性消費者的化身」。媒介消費多少意味著若干有意識的需求滿足，也就是閱聽人爲滿足自身需求而進行使用的過程。例如，網路購物消費，有選擇性的動作，被視爲主動行爲。

三、意圖性（intentionality）：主動的閱聽人必須涉入資訊和經驗獲取的積極認知過程。如網路上訂閱電子報或媒介服務，可視爲主動的活動。

四、對影響的抗拒（resistance to influence）：強調閱聽人對非意欲之影響或學習的設限。意即閱聽眾除非是個人的選擇，否則保有「控制力」和不受影響的權利。閱聽眾對於網頁上橫幅廣告（banner）的選擇性即是明顯的例子，可以自由地決定點選觀看與否。

五、涉入性（involvement）：閱聽人對於持續性的媒介經驗「熱衷」或「著迷」，或是會共同討論與回應媒介內容，被視爲具有涉入性。網路上常見使用者沉迷線上遊戲與聊天室等，均可視爲高度的涉入性。

從以上敘述可知，主動閱聽人具有多重定義。以選擇性來

說，上網搜尋特定資料或娛樂內容當然是主動閱聽人；但有時開機上網無目的的瀏覽，卻未必屬於主動性的顯現。不過，從網路公關的公眾定義，網路公眾係與公關主體利益相關並相互影響和作用的個人、群體和組織，具有共同的背景、問題、需求、興趣、利益等，上網與特定組織網站互動，則明顯有選擇性及滿足現實利益的意圖；而當對某項議題持類似意見時，則更有明顯的涉入性，有別於上網漫無目的瀏覽的使用者。因此，網路公關的公眾對象，當可視為主動的閱聽人。

　　不過若考慮到公關活動的執行，傳統公關運作時組織可透過傳播媒介如電話、傳真等方式或藉由公聽會與活動舉辦面對面與公眾進行溝通；但畢竟有其時空條件的限制。網路公關人員除可運用網路電話、文件傳送、影音交談等功能和已知實體公眾進行溝通；另一方面，亦可將傳統公關活動搬移至網路環境中運作，和網路公眾進行互動。

　　因此，網路公關與傳統之別，除了網路公關公眾具有擁有接近與使用網路的能力之外，較明顯的效益是節省時間、金錢與資源，增進資訊溝通效能。組織以傳統公關操作和公眾進行交流，常因資源有限，無法一一服務不同需求的目標公眾和進行雙向交流，溝通時效上也大受限制。然而網路使用者既具備主動瞭解訊息的態度，且因相關互動技術增進了溝通效能。以組織對於內部公眾進行公共關係為例，傳統實務操作會透過員工大會、股東大會、出版刊物、宣傳小冊等方法，花錢、費時又耗力，現在透過網路傳達公司訊息，不僅節省印刷成本，又可快速傳達公司資訊，蒐集員工或股東意見；新科技效益由此可見。

第三章　網路與目標公眾

第四章
網路公關的研究與行動規劃

任何公關活動執行均須規劃作業流程，網路公關自不例外；而這流程包含了"RACE"四個概念，即研究、行動規劃、溝通、評估。研究用意旨在資料蒐集，以瞭解目標公眾圖像並釐清相關問題；行動規劃則研擬公關計畫的策略步驟與方向；溝通則包含計畫執行，是從規劃步驟定調的策略出發和目標公眾對話，試圖取得雙方對議題的共識；進入評估階段時，即試圖瞭解這波公關活動是否達成預期目標。經由這四步驟，不僅可隨時對活動概念加以修正，也可成為下波企劃參考；因此RACE係一不斷循環過程（Wilcox et al., 2000: 7）。

對上述區分方式，也有其他學者持不同意見；如John Hendrix則認為公關規劃的程序應為"ROPE"（Newsom et al., 2000），即「研究」（Research）、「目標」（Objectives）、「計畫方案的規劃和執行」（Program－planning & executing），以及「評估」（Evaluation），並且主張評估和研究同樣重要。另外，姚惠忠（2004）提出的公關原則"WHATS"，即「公關是什麼」（What PR is）、「如何做公關」（How to do PR）、「公關的應用」（Applications）、「公關的技巧」（Tactics）和「公關策略」（Strategies）；不過這些說法，與"RACE"的概念相去不遠。

網路出現後，隨著使用人口倍增所造成的規模經濟特性，加上跨疆界所造成的全球市場想像，不斷吸引業者目光，因此各種新興網路運用不斷推陳出新；目前要藉此一技術完整掌握使用者全貌，雖因匿名性而仍存在部分困難，但隨著互動程式與篩選技術日趨成熟，已漸成為公關人員資訊蒐集方法之一。故在實務工作中，如何熟悉運用以掌握網路族群意向，進而發展出合宜的網路公關企劃，則成為公關人員不容忽視的功課。本章第一節先從「研究」開始談起，藉著討論掌握網路意見的重要性，繼而深思網路公眾意見的蒐集方法。其次在第二節探討「行動規劃」；對網

路公關而言，策略運用旨在達到公關目標，因此公關人員於研究步驟中確定目標公眾後，在規劃階段必須思考如何針對後者需求提出合適的活動策略。至於「溝通」和「效果評估」，為免篇幅過長，則另闢章節探討。

第一節　研究

運用「研究」的概念於網路公關活動，基本上是將網路視為使用者活動場域；因此在活動執行之前，必然得先瞭解目標公眾特性，方能規劃出得宜的行動策略。然而必須注意的，針對網路使用者的研究調查，仍與一般社會科學方法所強調之隨機抽樣（sampling）有很大差別；最基本限制在於透過網路所進行的資料蒐集是使用者主動參與，且較難規避使用者重複填答問卷。再者，通常網路重度使用者看到調查或相關有獎徵答活動，相對於輕度使用者較易連結填答，使得在目標公眾特性分析時容易歸納出「熱衷網路活動」或「上網時間長」等相似點；這都是在作出研究結果時必須留意之處。不過換個角度來看，利用網路進行研究調查除了經濟效益外，上網的使用者其實也都具備成為網路公關目標對象的可能性，因此透過網路掌握使用者意見實有其參考價值。

一、掌握網路意見的重要性

網路公關執行之前應試圖掌握目標公眾，係鑑於組織資源有限、任何活動皆不可能毫無限制地投入各項物資；因此透過公眾分析的基礎，找出各類公眾的共同需求，審慎評估以最經濟性手

段達成目標，乃公關活動的基本思維。而這亦相對突顯出公眾意見的重要性；換言之，意見是一種態度的表現，也是一種動態過程，更是公關企劃RACE不斷循環調整的原動力。公關人員應特別重視公眾意見，乃基於公眾意見能有助於：

(一)使組織能夠準確地進行形象定位。

(二)為組織提供決策依據。

(三)使組織即時掌握公眾輿論。

(四)提高組織公共關係活動的成功率。

(五)有利於塑造組織的良好形象。

無可否認地，公關活動的用意在於建立組織正面優良形象，但自身的特長與優點是否充分為外界所知，則有賴公眾意見反應，方能對於組織定位進行修正、引導。也就是說，對組織而言，公眾意見就是傳播溝通上的回饋。在形象建立或議題傳播過程中，透過回饋才能使組織與公眾之間產生互動，並對觀念、知識等有所分享、傳遞或交換，進而對傳播效果進行檢討，將組織本身定位與公眾認知的形象間差距縮小。而公眾意見更是組織擬定新公關計畫最好的利器，此乃基於公眾因社會組成差異而有不同需求喜好，瞭解組織與公眾認知差距，方能採取有效對策。

更深入來說，掌握網路使用者意見的重要性，雖基於網路使用率不斷向上攀升；但實際上其人口統計屬性，譬如年齡、居住地區、教育程度、經濟收入上的顯現，也越來越貼近真實的人口結構。而這種人口規模不僅使其意見具備相當代表性，甚至也能反映現實世界公眾的想法。在這虛擬場域中，公眾表達己見的方式，除了參與組織所設計的問卷調查，還包括文字意見呈現；透過網路匿名性保護，公眾有時反而更願意提供較多訊息表達需求。

另外，有些公眾亦會在網站上發布相關訊息，或在討論群組或聊天室發表意見，甚至在新近流行的網誌「部落格」（Blog）中，記錄使用者的所見所聞和親身感受，公關人員要在網路上蒐集公眾意見並不困難。

二、蒐集網路公眾意見的主要目的

從前述可發現，網路使用者在意見表達上所擁有的選擇，遠多於其他傳統媒介，對於訊息個人化的需求與程度也最大；故無怪乎Eric Dezenhall（2002）認為：「網際網路使每一個帶有怨恨的人都變成專家，使每一個有上網能力的人都變成記者」（吳宜蓁，2002：115）。這也意味著有些使用者會依一己感受對組織進行正面或負面評價，並且透過網路向其他使用者傳布；藉由電子郵件或在論壇、留言板上發言供其他上網者搜尋，訊息則如滾雪球般多向傳送。故而在進行網路公眾意見調查時，公關人員除藉問卷蒐集一般性資料外，更須關注這種類似意見領袖者的觀點。這群使用者通常會在討論群或留言版上主導言論議題，甚至自行架設網站表達己見；因此網路公關人員面對這類較特殊的公眾時，除必須時時主動搜尋相關論壇與留言版，以掌握議題討論動態外；善用搜尋引擎也有助於瞭解網路公眾關心的議題層面，並隨時修正組織的公關計畫走向。能有效掌握網路公眾意見，除利於後續行動規劃，甚至還能洞悉競爭對手網路溝通的經營狀況。

網路公眾意見的蒐集，除須著重這類主動性較強的公眾外；一般來說，組織在求以最小成本達到最大效益考量下，要對目標公眾特性有全面瞭解，應用社會科學方法已呈常態；而網路公關最常用者，首推網路問卷調查。利用網路進行問卷調查，除了節省金錢、時間外，亦可接觸到不同屬性的公眾；而透過網頁超連

結功能更有助於同步進行各種性質的意見調查，例如，員工意見、客戶意見、消費行為、市場競爭分析、價格分析、產品包裝分析、銷售活動評估等，均可透過網路為之，以得到最快、最新的意見。此外，網路問卷調查，還具備規模較廣及多樣性等特點。Haig（2000: 17）就指出，利用網路進行研究調查的主要目的是：

(一)協助公共關係人員決定網路公關的目標和策略。

(二)監控和追蹤已在進行的網路公關活動。

(三)評估某一網路公關活動的結果、影響和成效。

(四)協助公共關係人員預測和預防哪些線上議題有可能發展成危機。

(五)提供有效的宣傳資料，協助推動電子商務。

(六)對競爭對手持續的追蹤。

(七)在電子媒體活動中，決定應把目標放在哪個媒體。

從上述調查目的可發現，網路調查不僅能蒐集過去的資料、最新的意見，也有即時監控功效；雖然這未必完全符合科學方法信度（reliability）與效度（validity）判準，但其調查程序卻較其他方法來得簡易，而所蒐集資訊，亦可供組織決定決策參考。另外，網路公關人員透過討論群或論壇發表意見，以觀察使用者對議題之態度，亦可視為質化研究（qualitative research）中的「焦點團體」（focus groups）訪談；在虛擬場域透過使用者文字表述進行對話，公關人員不僅可體察公眾對組織的態度反應，更能明瞭問題重心所在，以規劃出適切的公關方案。再者，從意見表達的過程中亦有助於雙向溝通，並找出癥結。

第二節　行動規劃

　　能清楚掌握目標公眾想法和界定問題，接下來則是提出明確的行動規劃。管理大師波特（Michael E. Porter）曾說：「策略，就是幫助公司競爭的地圖。」（劉威麟，2004）。對組織而言，營運成敗取決於策略抉擇和貫徹執行，但前提是，若無策略作為指引競爭地圖，就影響後續之抉擇判斷。要執行一個成功的網路公關方案，當然也是相同思維；因此前置的研究作業掌握公眾需求和問題範圍後，緊接著就是訂定行動的策略步驟。故本節環繞兩項主題，一者說明網路公關策略目標與定位，並著重規劃藍圖與擬定指導原則；二者討論網路公關的載體策略，並思考如何全方位運用各種上網工具達到公關目標。

一、網路公關策略目標與定位

　　在傳統策略理論中，策略的主要功能在於思索並尋找組織生存憑藉。策略是組織領導者或經營團隊面對未來發展所勾勒出的整體藍圖，因此具備了「評估並界定組織的生存利基（niche）」、「建立並維持組織不敗的競爭優勢」、「達成組織目標的系列重大活動」與「形成內部資源分配過程的指導原則」等四重意義（吳思華，2000：36-38）。同樣地，探討網路公關的策略運用，亦是組織運用資源、採取行動，以謀求達成目標所做之決定。

(一)網路公關的策略目標

　　訂定策略目標用意，旨在於組織發展方向確定後可凝聚力量

與共識，並作長遠規劃與進行細部架構修正；而網路除有助於內、外部意見稽核，更可適時與目標公眾雙向溝通，因此相當程度改變了公關運作的規則，也在策略創新與擬定上，提供了更大的發揮空間。學者楊忠川（1998：102）認為，網路公關所欲達成策略目標，包括：

1.組織管理機構可自我檢討與改進，藉由網路將其態度公諸於社會，以獲取顧客、員工及社會的好感與瞭解。換言之，即組織透過網路傳達公關資訊服務，爭取內部目標公眾與外部目標公眾的認同。

2.組織管理機構可針對消費大眾需求，藉由網路來調整並說明其政策與服務方針，以獲取大眾的信任、好感、瞭解及歡迎。網路已改變產業運作的遊戲規則，組織必須重新檢視過去策略規劃，並因應創新經營模式，及滿足網路使用者的資訊需求。

3.組織管理機構可藉由網路來激發消費大眾對於組織的瞭解，進而產生信賴。網路不僅有利使用者與組織之間雙向互動，更可隨時提供產品與相關服務資訊。

4.組織管理機構可藉由網路來調查消費大眾是否瞭解或接受組織的政策與服務方針。透過網路與目標公眾的意見交流，可迅速掌握其態度與需求，這也是組織為謀求長期利益的策略部署。

從上述策略目標可發現，無論是透過網路將組織態度公諸於社會、或是說明政策與服務方針，以激發消費大眾對組織瞭解和意見掌握，網路實為一適當的溝通工具，公關人員應就此擬定適當行動步驟。而這亦同時顯示，網路公關策略之目標在於和公眾建立良好關係；因此策略標定方向後須持續追蹤，以免偏離走向。

(二)網路公關的策略構成面向

　　策略規劃的原則除須與組織目標相契合，更得考量現實條件可否達成，以及執行後能獲得各方認同。因此網路公關在進行策略定位時，也須以組織發展前提設定大戰略，並靈活運用這一技術所獨具的資訊搜尋與互動溝通功能於戰術中。換言之，先就資訊搜尋面來看，網路主要指透過電腦設備進行資訊檢索或取得資料的平台；但實際上以目前技術匯流趨勢觀之，透過無線網路傳輸則可進而將「個人數位助理」（Personal Digital Assistant, PDA）、行動電話，乃至家庭中的電視、廣播、冰箱、微波爐等諸多生活設備予以串聯，故可說「資訊無所不在」。而這亦引導出公關人員應從更廣泛及立體層面，來思考如何藉網路與目標公眾進行互動溝通；故此處的「網路」已轉化成是一種資訊流通平台，也創造出「無處不是資訊」的生活環境。公關人員可隨時因應策略的長短目標，多重運用媒體及訊息內容策略，以調整組織和目標公眾之間關係（圖4-1）。

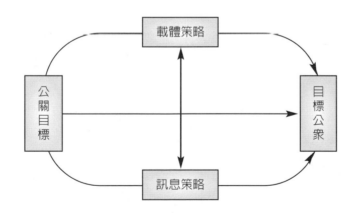

圖4-1　網路公關策略構成面向

資料來源：作者整理。

第四章　網路公關的研究與行動規劃

更深入來說，上述策略構面旨在表明由「公關目標」界定目標公眾，目的在讓組織瞭解其溝通對象，並使訊息對話不致錯尋目標，以利達成公關目標。因此在進行「載體策略」考量時，應結合訊息策略活用各種公關工具，以發揮不同的傳播溝通功能。例如，針對喜歡網路購物的青少年，每個拍賣網的入口網站就是個可傳達訊息空間；而家庭主婦也許不擅長上網，但透過行動電話的簡訊傳送，或者結合傳統的電視、報紙等媒體，則能使組織的公關訊息深入公眾生活。所以網路公關的訊息和載體策略可說是相互為用；公關人員執行工作計畫時，無論整體規劃目標如何遠大，預期效果如何顯著，若無法將正確訊息透過媒體傳播到目標公眾的手上，無疑是前功盡棄。

這亦顯示，傳統公關所用「媒體策略」一詞，主要考量如何有效地向目標公眾傳送新聞稿、宣傳資料，並因應不同需求而選擇運用報紙、雜誌、廣播、電視等媒體，進行操作型態規劃。故媒體策略，即是選擇運用公關工具及傳遞資訊載體的考量。而網路公關的「載體策略」，當然亦在訊息能有效與目標公眾溝通的前提下，思考訊息與傳播管道配置原則；但卻更為凸顯訊息載體匯流之特色與靈活運用。一則訊息可透過網路傳送、亦能整合現有之各類傳播媒體，向實體與虛擬場域的目標公眾進行同步溝通；也可因應不同媒體特性與公眾需求，將訊息以更為多元形式呈現。故若深思訊息設計與傳播管道的選擇；Wilcox等人（2000: 163）認為，必須具備以下三項基本認知：

1. 採取什麼樣的溝通與如何讓公眾接收到訊息？
2. 公眾如何接收資訊（的過程）與改變他們的觀念？
3. 對於獨特的訊息應該選擇什麼樣的媒體和傳播工具最適當？

另外，國內學者姚惠忠（2004：502）也認為，思考公關媒體策略時，主要著眼於達成下述問題的要求：

1. 公共關係方案的溝通目標為何？即什麼溝通工具最能達到溝通目標？
2. 怎樣才能凸顯訊息？即什麼媒體最能傳達所欲傳達的訊息？
3. 怎樣才能有效接觸到目標公眾？什麼媒體最能有效達到目標公眾？

因此，無論Wilcox等人或是姚惠忠所提的三項要求，皆說明公關媒體策略是在訊息有效溝通前提下思考媒體之組合運用；而網路公關的載體策略，不僅強調上項原則，亦同時希望藉助新科技的整合與互動特色，使訊息準確傳達之餘，更可進行雙向溝通以促成組織與目標公眾的相互瞭解。故以下將進一步來說明網路公關的載體策略為何。

二、網路公關載體策略

在傳統公關媒體策略中，對於訊息傳達經常使用包括電視、廣播、報紙、雜誌等大眾傳播媒體；而網路出現後，除改變了閱聽眾的媒介使用習慣，也使公關人員注意到訊息可藉由此一管道傳輸。因此Wilcox等人（2000: 454-457）就指出，網路公關主要透過網路進行資訊傳遞和溝通說服，並使用電子郵件行銷（E-mail distribution）、網站（World Wide Web sites）、討論群組（Usenet discussion groups）、郵件處理系統（Listserves）等溝通媒介傳遞公關訊息。

上述看法雖然無誤，卻稍嫌狹隘。晚近資訊數位化趨勢，誠

讓報紙、雜誌、廣播、電視等媒體內容均可整合於網路，使之幾乎成為其他傳統媒體電子化後的延伸；實際上，傳統的文字和影音媒體雖匯流在網路數位平台，但概念已經產生轉變。在當前「無處不是資訊」的生活環境中，網路除具備基本的技術意義外，在較抽象層次則涵括種種媒體性質，也因為互動功能而成為人的活動場域；特別是從網路的「虛擬」（virtual）本質出發，網路與傳統媒體間既存在著互補關係，也可進而整合於「網路」的概念中，這於前章哈洛克對比「真實——虛擬」兩者關係即可得知。所以網路公關的「載體策略」，迥異於過去單向告知，並側重運用報紙、廣播、電視等大眾媒體的組合形式；而在訊息有效傳達與雙向溝通前提下，更強調載體靈活配置。網站、電子郵件、討論群組等固為「網路」公關的訊息主要載體，傳統之平面與電子媒體亦可構成「網路」一環，甚至整合新興的PDA或行動電話等通訊網路，以充分發揮訊息溝通效果。

這也意味，訊息要成功地向目標公眾傳播，乃是任何組織在行動規劃步驟的首要；但網路公關更重視的是如何在訊息發出後引發公眾與組織對話，因此無論大眾傳播媒體或是任何通訊網路，皆為規劃網路公關訊息「載送策略」時不可輕忽的。而從此一角度來比較網路和傳統公關的媒體策略，尚有以下差異：(1)網路為傳統公關媒體策略規劃下的載體時，傳統的新聞宣傳等其他工具，得因網路科技功能，改變製作格式與使用方式；(2)為報紙、雜誌、廣播、電視等傳統媒體設計的公關訊息，均可透過網路傳送呈現；然為網路媒體設計製作的公關訊息，不易在其他媒體上呈現。

顯然，在網路公關媒體策略上，既可結合大眾傳播媒體，也能單獨行使。但網路更具優勢之處，在於傳統公關所使用的溝通工具皆可以數位化資訊呈現，並透過網站、電子郵件、電子報、

討論群組等，或結合各類通訊工具、媒體進行操作規劃，使訊息凸顯和便於接觸到公眾、達成溝通目標。舉例來說，組織進行傳統公關活動時，所運用的媒體策略，係以新聞稿和活動宣傳小冊子為溝通工具，透過報紙、雜誌、廣播、電視等媒體報導，讓社會大眾得知訊息。但若透過網路進行時，新聞稿和活動宣傳都可轉成數位資訊形式，透過網站或電子報等載體呈現，或結合行動電話發送簡訊，使用者在網路所架構的訊息載送策略，可充分接收到各種媒體所發送的公關訊息。

而從網路與傳統媒體的整合，意味「網路公關」具備更廣泛和全面性內涵，特別是在構思訊息載送策略，除可透過網站、電子郵件、電子報、討論群組；另一方面，傳統的報紙、電視、廣播等媒體，亦可視為「網路」載體一環，在溝通階段時同步運用向目標公眾發送訊息。此外，如行動電話或PDA所構成之通訊網路，也是可資使用的訊息載具之一。故網路公關運用變化萬端，規劃行動策略時非僅局限於虛擬溝通技術運用，現實生活環境種種可接觸目標公眾的訊息載體，皆應隨時納入整合；如百事可樂在2005年7月「藍色風暴」促銷活動中，除架設網站說明詳細活動內容，並結合電視廣告進行訊息傳達外，消費者更可透過行動電話輸入汽水瓶身的流水號參與抽獎。而這些相關得獎資訊不僅可在網站上查詢得知，百事可樂更以「加入會員」的網路社群方式，隨時提供使用者更新的活動訊息與商品優惠服務。

(一)網路公關與媒體溝通策略

網路公關運用新聞宣傳等溝通工具，與傳統公關最大不同處，在於須熟知溝通工具，同時結合網路特性；於規劃訊息載送策略時，將之納入考量。這除了要事先掌握網路上各類相關站台屬性，也須同時瞭解電視、廣播及報紙等傳統媒體作業方式，主

動依需求差異提供訊息；換言之，利用網路所提供的電子郵件、討論群組等功能發布資訊雖極簡易，但與網路中或傳統的媒體溝通時，仍須遵循基本作業要求，而非以「通稿」方式隨意散發。

再者，傳統公關活動在執行時，經常以舉行記者會方式，和新聞從業人員接觸；然網路公關則是可利用視訊舉行記者會，此時新聞媒體記者將不局限於國內與特定地區，而是跨國際，與全球媒體記者接觸。透過網路視訊舉行記者會，其成敗關鍵在於場地的安排與設計，尤其要確保網路連結暢通。此外，新聞稿與相關宣傳資料更須同步提供到媒體記者手中。

所以這也意味公關人員除扮演組織與媒體記者的資訊中介外，也具有資訊設計的角色。Holtz（2002: 202-203）就提出網路媒體關係的開展步驟：

1. 將採訪報導公司或組織的媒體分門別類。雖然台灣大部分新聞媒體為綜合性報紙、雜誌或電視新聞台，但仍有少數財經等專業報紙雜誌與有線電視台；在採訪記者方面，跑企業路線的通常為財經記者，跑學校教育單位為文教記者，但對人力較少的媒體而言，可能一名記者就橫跨多條路線，公關人員要熟知採訪報導自己公司或組織的媒體有哪些？又有哪些媒體經常報導自己公司或組織情形？負責主跑的記者名單與聯絡電話等。

2. 找出不同媒體記者需要何種性質的材料。不同屬性或路線之媒體記者需求當然有所差異，組織在進行公關訊息傳播時須事先過濾，以免傳送不符需求的資訊材料造成彼此困擾，甚至影響組織形象。

3. 諮詢已經有往來的記者，詢問是否願收到電子郵件資料，或者願意到公司或組織網站找尋資料。除寄發電子郵件

外，目前台灣許多組織網站，均會特闢媒體專區，分為公開或給記者專屬帳號密碼方式進入，主要為發布新聞稿相關聯繫事項。

4. 確認記者希望透過線上媒介獲得何種性質資訊，蒐集記者所回饋資訊，依序分類安排於公關人員所提供的資訊類別。這是對記者個人資料所進行的蒐集歸類工作，除了記者所反映的意見之外，也可記錄其基本資料、興趣與喜好，依其需求提供資訊可獲得較高成效，也可避免資源上的浪費。

5. 在公關人員的資訊列表裡，還需要決定記者可能會「挖」什麼訊息，而要向他們「推」什麼樣的訊息。對於適合被挖的訊息，應該要放到媒介關係網站中，而適合推出的訊息，則應該依照先前擬定的，針對不同記者所需資訊規劃，或對特定記者所需量身製作，提供資訊服務（圖4-2）。

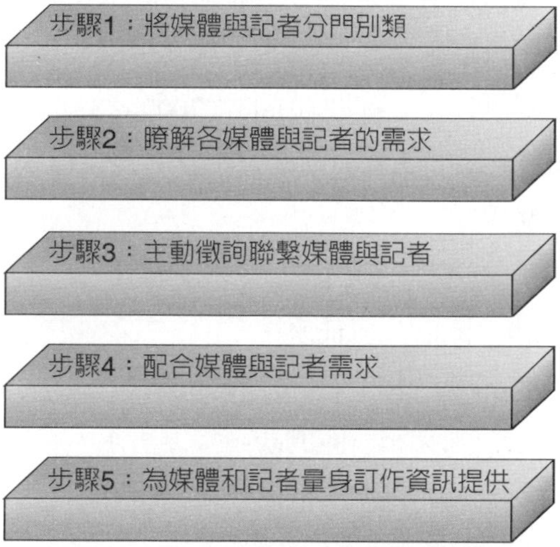

步驟1：將媒體與記者分門別類

步驟2：瞭解各媒體與記者的需求

步驟3：主動徵詢聯繫媒體與記者

步驟4：配合媒體與記者需求

步驟5：為媒體和記者量身訂作資訊提供

圖4-2　網路線上媒體公關進行步驟

資料來源：Holtz(2002: 202-203).

第四章　網路公關的研究與行動規劃

(二)網路公關載體運用

網站、電子郵件、電子報和討論群組，是網路公關與公眾建立關係的基本載送工具，公關人員要使其發揮作用，必須儘可能站在目標公眾立場思考，貼近對方的需求，包括文字閱讀及瀏覽設計便利，方能得到公眾的信任與回饋。

1. 網站

網站（World Wide sites）是網路公關媒體策略最強大的公關工具，組織藉以告知使用者該公司或單位能提供何種服務、廣告宣傳和企業主張（Holtz, 2002: 161-162; Dern, 1997; Wilcox et al., 2000: 455）。但是茫茫網海，組織的網站如何吸引人？如何透過網站形塑組織形象？網站資訊如何滿足目標公眾的需求？均是網路公關載體策略的重要課題。

網路受組織肯定顯現在兩方面，一是網路和電話、傳真機與電腦等工具，成為組織營運基本配備；另一則是在商業與公關活動的需求，在網際網路上設置網站，宣揚組織發展目標，促進行銷價值，建立良好形象。因此，Haig（2000: 28, 59-60）認為，對於想要進行網路公關的商業網站而言，其共同目標為：

(1) 吸引新的訪客。

(2) 與現有的訪客建立關係。

(3) 產生重複不斷的交流往來。

(4) 與訪客「打成一片」。

(5) 對和自己公司業務有關的訪客展開訴求。

(6) 確定自己網站所希望達成的特定目標。

由於網站可提供許多資源，讓訪客能即時地和組織所提供資訊交流，組織員工應該將網站視為工作環境的延伸，實體環境應

該考量顧慮的形象、效率等，轉換虛擬場域時亦同等重要。一般來說，網站內容除了組織的相關訊息外，應自詡成為資訊提供者。因此，進行網路公關時，基本上，網站應該提供下列訊息：

(1) 產品訊息：產品介紹、行銷、提供顧客需求的互動式服務。

(2) 公司訊息：組織簡介、聯絡方式等基本資料。

(3) 相關文獻或文章：業界相關動態資訊。

(4) 與產業中權威人士或知名人士的訪談內容。

(5) 經常被問到的相關問題與答案（FAQs）。

(6) 提供線上研討會或線上會議相關訊息。

(7) 新聞稿和其他相關訊息。

(8) 針對市場或讀者提供各種建議或秘訣。

(9) 討論群組：闢設討論區、聊天室等。

但是，網站既是網路公關的媒體策略之一，網站上所提供的訊息，應該要更能符合目標公眾，尤其是新聞媒體記者的需求。Dern（1997）認為，記者需要從網站獲取更多資訊作為報導內容題材，因此建議網站上的資訊，應有以下內容：

(1) 提供公關資訊的網站應有一清楚、好記的名稱，如直接標明公關或是新聞資訊等，並在首頁上有連結。

(2) 在公關資訊網頁內，要清楚標示「如何與我們公關部門聯繫」字樣，包括電話號碼、傳真號碼和電子郵件地址。

(3) 建立依最近時間次序排列的簡單易查閱搜尋的新聞稿資料庫。

(4) 考慮建立清楚的產品摘要介紹，包括名稱、形式和其他重要資訊。

(5) 包括一些過去客戶運用情形、感謝證言等。

(6) 在進入公關網頁時，不要求須註冊或其他身分證明。

第四章　網路公關的研究與行動規劃

(7) 自己組織的網頁應該清楚，確定能讓新聞記者容易找到新聞稿發布的網頁連結。

(8) 確定網站內容能夠正常登出，且即時透過電子郵件回覆。

而Holtz（2002: 162-184）亦指出，網站成為強大的公關手段，是因為運用最基本的「選取資訊」模式；因為網頁上的內容一般皆可以馬上轉載發表，便利記者隨時使用這些資料，且視為組織正式、可靠的訊息來源。網站上的結構安排，應該考慮記者工作習慣、方便資訊尋找，為鼓勵記者們經常造訪，Holtz認為網頁上應有下列基本要素：

(1) 最新消息：在最顯眼處提供公司最新、最重要消息，讓記者養成至網站找資料的習慣。

(2) 活動或業務聯繫人和聯繫方法：讓記者可以快速找到相關承辦人員，進行聯繫工作。

(3) 公司立場聲明：公關人員應該為組織可能面對的每一事件或問題準備好立場聲明，並且放置到網站上。

(4) 活動安排日曆：讓記者知道組織近期要舉行的活動，並提供相關訊息，包括活動的日期時間和地點，公司或組織扮演的角色，例如，主辦或協辦或贊助，以及活動的聯繫人員與聯絡方式等。

(5) 保存新聞稿作為檔案：即是將新聞通訊稿件作為資料庫，按日期依序排列，一方面提供記者方便查詢，另一方面提供組織內部檔案資料參考。

(6) 發言稿：組織重要人員的發言稿件，可以文字或聲音檔案呈現。

(7) 政府文件檔案：政府公告或法令規章，免去記者們找尋的麻煩。

(8) 公司和主要職員的背景簡介：網站上專門介紹組織部分應

該以大多數情況下媒體來電查詢的內容為主，包括公司成立時間、員工數、資本額等，以及主要職員年齡與學經歷等。

(9) 產品和服務的介紹：包括產品簡介、照片、包裝設計等細節。

(10) 提供相關訊息的連結：讓記者可以輕易找到相關業界等資訊，不管是對公司正面與負面資訊，一方面表現公司的氣度，另一方面表現公司知悉這類訊息的存在。

(11) 其他宣傳與花招：包括論壇、業界間超連結、電子郵件信箱、多媒體運用等。

從網站內容設置許多需要注意的細節可發現，如何令造訪網站的訪客印象深刻，吸引訪客停留瀏覽或重新造訪的意願乃是重點。因此，不光是資訊與視覺的豐富性，也應特別著重使用者與網站之間互動，包括網址好記、搜尋容易、連結時間短、下載時間迅速、網站設計美觀或新穎、網頁內容易閱讀、定期更新網站內容資訊等。至於網頁文案內容的撰寫設計原則，與傳統新聞稿、電子郵件稿件原則均相同、相通。

2. 電子郵件

電子郵件（E-mail）包括給予個人的訊息、給幕僚成員的業務通訊、新聞稿傳送、給予媒體機構的推銷函件，甚至成為公關公司和委託人之間的文件與副本等；電子郵件更是網路公關最重要資訊載送工具，公關人員必須瞭解電子郵件的本質、功能、形式和運用方式，才能產生最大效用（Haig, 2000: 85-86; Wilcox et al., 2000: 454-455）。

電子郵件是資訊的電子化後，所產生新的使用模式。透過電子郵件可傳送大量文字、圖片、聲音、影像，甚至程式檔案，形式上可圖文並茂或多媒體，傳送對象可為單獨一人或是同時傳寄

群組。Haig（2000: 86-87）指出，公關人員可以利用電子郵件和所有的關鍵閱聽人（key audiences）進行溝通，此處的關鍵閱聽人即是組織內、外部目標公眾，包括組織員工、顧客、股東和新聞記者，目的在於回應顧客的要求、對組織內部分發資訊、寄發電子報給用戶、讓討論小組成效更好、聯繫新聞記者。米多伯格（Middleberg, 2001: 184）亦指出，一封可連結到首頁的電子郵件，其點閱率介於5％至22％，電子郵件對於組織在網路上宣傳的績效，僅次於搜尋引擎。可見，電子郵件顯現了低廉成本、速度優勢，以及只要連上網路就能傳遞訊息的方便性；是能接觸到目標閱聽眾的一種好方法。

電子郵件的效率與優點眾人皆知，但並非人人都能善用並獲得成效；尤以現今垃圾郵件氾濫，成為公關活動利用電子郵件作為溝通工具的一大挑戰。大量散發傳遞到目標公眾的郵件，很容易被視為垃圾郵件而遭刪除。網路策略專家Dern（1997）提醒公關人員，相較於花上一整天打電話找記者或以快遞傳送資料，透過電子郵件聯繫有快速、便宜、省事等優點，但仍有幾點公關人員應該特別注意的事項（表4-1）：

(1) 確認大部分客戶使用的郵件文字格式，以免造成無法辨識。例如，有些ASCII（American Standard Code for Information Interchange，美國資訊交換標準碼）字型會有轉碼辨識問題，或是圖片格式無法呈現，或因檔案過大影響傳輸甚至被主機拒絕，都應列入考量，因為並非所有人均使用微軟公司的軟體。

(2) 所寄送的郵件格式段落最好採單行間距，儘可能保持每行長度在適合閱讀範圍（以英文而言，最長應不超過七十二個字體長度），這是因為電子郵件是完全在螢幕上閱讀，須考量閱讀方便性。Haig（2000: 90）也指出，內文的安

表4-1　公關人員使用電子郵件特別注意事項

....

- 確認客戶使用的郵件文字格式，以免造成無法辨識。
- 郵件格式段落採單行間距，儘可能保持每行長度在適合閱讀的範圍。
- 新聞稿的標題應清楚、直接。
- 郵件要包括明確、可回覆的電子郵件地址。
- 不要寄讓收件人須轉檔且會感到費時麻煩的附件。
- 將新聞記者電子郵件地址加入公關郵件通訊前，應獲得當事人同意。
- 寄出電子郵件之前或之後的聯繫告知，應適度合宜，避免引發反感。
- 未經確認的訊息，寧可不發。
- 善用郵件密件功能，避免大量收件者名單影響媒體及記者閱讀與採用。
- 善用郵件副本功能進行複查，確認媒體與記者收到完整與正確資訊。

資料來源：Dern(1997).

　　排與布置（layout）上，段落與段落間應留有足夠空白；因適度留白和簡短的段落，可使文件文字更易於閱讀。

(3) 新聞稿的標題應清楚、直接，以即時被發現採用，而不要僅有「新聞稿」、「重要通知」字樣。Haig（2000: 89）也指出，主旨欄（subject lines）的優劣決定收信人是否願意讀這封電子郵件，撰述主旨時的要點包括：簡明扼要、避免過度強調、具體、不要官樣文章、誠實不欺、正確無誤與不要嘲笑或惹惱對方。在目前垃圾郵件氾濫情況下，這一點相當重要，明確的標題，將可避免郵件慘遭刪除的命運。

(4) 郵件中應包括一個明確、可回覆的電子郵件地址。這是方便收件者意見回饋的積極作為，可節省時間並增進雙向互動溝通。

(5) 不要寄二進位附件給收件人，例如，MIME（Multipurpose Internet Mail Extensions，電腦MIME協定，允許電子郵件

第四章　網路公關的研究與行動規劃

包含一般簡易文字及圖片、視訊、聲音或二進位格式的資料檔）、Uuencoded（在Internet上最普通的二進位檔轉成文字檔及文字檔轉成二進位檔的標準方法）、或BINHEX（BINary HEXadecimal，提供二進位資料格式檔轉成ASCII檔的功能，早期使用於Apple Macintosh系統中），收信者會覺得費時麻煩。這一情況，常連公關人員也不自覺，而收信者覺得困擾麻煩時，也不見得會立刻反映，卻可能感覺不愉快。公關人員較慎重地自我檢查，作法就是在傳送帶有附加檔案郵件時，預先傳送一次給自己，或利用電子郵件的密件副本（blind carbon copy）功能，同時也傳給自己一份，就可以知道對方接收後能否順利打開附加檔案。

(6) 在未獲新聞記者要求或同意前，不要將其電子郵件地址加入公關郵件通訊錄中，這是大部分記者們所厭惡的。雖然記者們的電子郵件地址很容易取得，但在未獲得當事人同意之前，也應尊重隱私權。

(7) 不要在發出電子郵件之前或之後，一再以電話、傳真或其他電子郵件告知，除非發生重大事件或是邀宴，理所當然通知一至二次。通知次數拿捏應視事件重要性而定，當然，對於公關人員來說，活動舉辦都視為一件大事，但過與不及都容易引發反感。

(8) 不要讓人們收到未經確認的訊息，避免接收者感到困擾。公關人員在發出電子郵件前應該慎重，未經正式確定消息寧可不發，避免記者報導後引發紛爭，也降低對公關人員的信任感。

(9) 不要將全部的新聞記者電子郵件地址含括在每一個電子郵件裡，在長串名單後才能看到訊息為何，常令人感到不

快。新聞記者收到公關人員的電子郵件參考資料時，常有矛盾心態；首先，若在電子郵件中發現公關人員寄給所有記者，會認為這是同業間眾所皆知的消息來源，即俗稱的「通稿」，採用時也不會將其視為重要稿件，即使報導也多三言兩語帶過。如若視為重要消息，但參考資料內容所有同業都有，則會想方設法再多「挖」一些內容，此時反成為公關人員困擾，因為單獨給予更多資訊，可能得罪其他媒體記者，另一方面超出新聞參考資料以外資訊，反可能是組織所不樂見甚至難以控制的。再者，新聞記者雖知道公關人員以電子郵件寄送參考資料，不可能單獨只寄送一份，但見收件人只有自己一人，會感覺受到重視，並有助於建立友好關係。

(10) 在電子郵件真正要傳送之前，必須撥SLIP（Serial Line Internet Protocol，電腦序向線網際網路協定，串聯線路網際網路協定）或PPP（Point-to-Point Protocol，點對點通訊協定）帳號和使用者與系統之間的帳號，先寄一個副本，仔細檢視所收到文件內容與格式。這與前述第五點確認附件格式的作法相同，事先的檢查與確認，讓收件者能接收完整與正確資訊。不過，隨著電腦與軟體科技發展，目前只要網路連線時，均已自動設定好網際網路協定，多數電腦更是一開機就可自動連上網際網路，使用撥接方式的人們越來越少，然此一事先仔細檢查的要點仍不可輕忽。

這些事項看似瑣碎，卻是容易疏忽，且易引發收到電子郵件者感到麻煩，稍一不慎還可能引發反感，公關從業人員應該特別注意。除此，電子郵件還有多項功能，諸如：自動回覆系統（automatic response）的設置，可節省回信時間與維持目標對象關

第四章　網路公關的研究與行動規劃

係；密件副本（blind carbon copy）的使用，讓收件者感覺到自己的重要；加密、數位簽章、安全回條保障郵件秘密通信的安全性；情緒圖示（emoticons）的應用聲調，則彌補用電子郵件溝通單調缺乏感性的遺憾；背景圖片、彩色或音樂的使用，讓郵件更生動活潑增加親近性；個人與私下的致意問候與寒暄（salutations）以及電子郵件下方署名檔案（signature files）等公關資訊運用妥當，均有助於和收信人關係增進的正面效益。

電子郵件雖被稱為網路公眾重要的工具，但也非所有組織能肯定其功能，Haig（2000: 91-92）就指出，有58%的企業都覺得電子郵件會引發誤解，並對企業關係造成傷害，Haig認為這導因於許多人對電子郵件可能遭遇到的陷阱，均知其然而不知其所以然，他提出使用電子郵件時應該遵守的規則：

(1) 確定每封信都有明確的目的。
(2) 以詢問問題方式鼓勵對方做出回應，保持線上關係的生氣活力。
(3) 態度謙虛，恭敬友善。
(4) 避免寄出附加檔案，以免收信人害怕病毒不敢開啓。
(5) 避免出現過多專用術語、行話，或是過分花俏而令人生厭的商業用語。
(6) 不要使用HTML（Hypertext Markup Language，超文字標記語言）格式的檔案，除非知道對方的電子郵件程式可以讀取。
(7) 簡明扼要，文句簡短，最好不要超過二十行。
(8) 主旨欄內容具體，和主題確切相關。
(9) 保持二十四小時內回覆的原則。
(10) 凡是不打算讓大眾知道或是不想被別人當作法律證據的資料均不要放入郵件中。

(11) 內容平易、坦承而直接，不要太花俏或過於造作。

(12) 在寄發電子郵件之前務必再查核收件人名字和信箱地
址、內文與圖表正確無誤、是否涉及法律問題以及著作
權等聲明。

Haig（2000）和前述Dern（1997）所提的注意事項有許多相
似之處，可見這些相近要點都是公共關係人員利用電子郵件溝通
時，應該熟知與切記事項。以米多伯格（Middleberg, 2001: 101-
105）於2000年時在美國的調查為例，發現電子郵件早就成為組織
和已經建立關係的記者聯繫時，最受歡迎的媒介，除私人用途
外，主要用來和消息來源聯繫。同時也發現受訪的記者至少有
50%，會偶爾以電子郵件和讀者溝通，顯示記者也開始注意閱聽
人的聲音。而記者（尤其是雜誌記者），通常至少有兩個電子郵件
信箱，其中一個是一般收發，另一個則是聯繫用，這還不包括私
人通信的電子郵件信箱。米多伯格認為專業的公關人員應該拿到
這三個信箱的地址，尤其最應該掌握的電子郵件信箱地址是記者
真正會去看的。另外，Holtz（2002: 200）也一再強調，即使記者
們願意收取電子郵件，公關人員仍須一再自我提醒，使用電子郵
件務必切記的就是簡明扼要。

3. 電子報

網路雖是一種新的資訊使用模式，但目前在網路上傳輸的資
訊，大多數仍然是文字，尚未完全取代平面媒體的功能，書本、
雜誌、報紙等仍然以媒介身分進行傳播工作，因此，當提到電子
報（online newsletters），很多人可能會從其字面意義，認為是電
子型態出版的報紙或刊物，也就是印刷媒體的電子化。

綜合國內外學者們對於電子報所下定義，基本上有狹義和廣
義兩種解釋（表4-2），狹義是指經由報社、通訊社等新聞訊息供
應者蒐集、編輯，以電腦網路的文字、圖片、動畫、影片、聲音

表4-2　電子報的定義

	定義
狹義	經由報社、通訊社等新聞訊息供應者蒐集、編輯，以電腦網路的文字、圖片、動畫、影片、聲音或圖形界面為基礎，提供新聞性資訊、資料庫搜尋等資訊服務。
廣義	凡是透過網路傳遞新聞訊息者的刊物。

資料來源：周晉生（1998：80）。

或圖形界面為基礎，提供新聞性資訊、資料庫搜尋等資訊服務。廣義則是指凡是透過網路傳遞新聞訊息者的刊物（周晉生，1998：80）。狹義的電子報，係指各大新聞媒體，尤其是報紙媒體，在網路上提供的電子版新聞，如國內知名的《中時電子報》、《聯合新聞網》；同時也有所謂網路原生報、本身並無實體報紙出版物的新聞媒體，例如，《東森新聞報》、已經停刊的《明日報》。然網路公關所運用的電子報，所指為廣義的電子報，即組織透過網路傳遞新聞訊息者的刊物，而其內容新聞訊息，主要以與組織相關為主。

　　事實上，傳統公關所運用的媒體策略中，已經運用組織刊物為溝通工具，此處所指的電子報，可視為組織刊物的電子版，且因為網路傳播特性所致具有下列特色：

(1) 網路化：透過網路傳播，可呈現於組織網站，或傳送到目標公眾的電子郵件信箱中。

(2) 超文本：電子報的超文本連結，可讓讀者自由進入組織網站擷取所需資訊。

(3) 多媒體：電子報的呈現能以聲音、影像等多媒體方式出版，內容更加生動活潑。

(4) 互動性：電子報上可提供與公關部門聯繫資訊，或透過超

連結進入組織意見反映的電子郵件地址，讓目標公眾能提供意見互動回饋。

(5) 個人化：組織可依據目標公眾的興趣需求，量身訂製分眾化的電子報內容。

電子報在形式上有如網站和電子郵件的複合體，因為電子報將一些對於組織有益訊息，利用電子郵件寄發，但內容上比電子郵件豐富，常以圖文並貌呈現，又比網站網頁內容簡潔。很明顯地，電子報的功能並不遜色於電子郵件和網站。Haig（2000: 102）甚至將電子報形容為可以成為令人為之瘋狂和著迷的網路公關工具，主因是電子報好處多多，可以迴避不相干的第三者，直接與大眾進行溝通，其優點顯現如下：

(1) 成本低廉：不必負擔實體報紙印刷與遞送郵資等成本。

(2) 超強互動能力：電子報內文的超連結可以擴大互動，為傳統媒體望塵莫及。

(3) 時效性：電子報透過電子郵件傳遞，瞬間同步傳送，節省時間可觀。

再者，Haig（2000: 103）認為電子報可以發揮的用途有：

(1) 使讀者經常回訪網站：電子報為鼓勵讀者進入網站，常以文章摘錄、報導提要等吸引讀者注意，進而連結網站一探究竟。

(2) 建立聲譽：網路公關的目標之一為建立組織良好形象，若能透過電子報提供優質內容，吸引訂戶讀者，將建立組織良好聲譽及地位。

(3) 衡量眾人對網站的興趣：若電子報以提供訂閱方式發送，由訂閱數就可判斷目標公眾對網站和相關訊息的興趣。

(4) 得到郵件清單：訪客願意訂閱電子報的同時，也提供了電子郵件信箱地址，成為組織行銷助力。

第四章　網路公關的研究與行動規劃

公關人員應當明瞭，進行網路公關時運用電子報，是要擴展其不同於一般報紙的功能，提供組織公關活動資訊傳遞。組織欲和公眾建立長期關係，可透過電子報發行，主動和公眾維持良好互動。

4. 討論群組

網路最獨特之處就是討論群組（newsgroup），也稱為網路社群。一般認為討論群組主要有新聞討論群組、電子布告欄到聊天室，然而網路上隨時都可創造或成立社群。網路使用者組成討論群，目的是提供言論發表園地，讓社群成員可暢所欲言，並同時交換觀念和資訊，從事網路公關的公關人員，必須瞭解討論群組的特性。

目前網路上常見到的討論群組有線上社群和即時聊天通訊。以往網路BBS、論壇、聊天室等，均可歸屬為線上社群，供加入社群會員參與討論。即時聊天通訊則以一對一為主，但也容許群組式的對談。一般而言，討論群組的基本運作方式如下（Haig, 2000: 94）：

(1) 任何人都可加入信息群。

(2) 文章（亦即訊息），可透過軟體張貼到信息群上。

(3) 使用者可以循線加入討論，而回應的郵件則與原始文章相連並分門別類。

(4) 人們可以用自己的網路瀏覽器存取信息群。

(5) 大部分的搜尋引擎都會對信息內容編排至索引。

在討論群組中，觀念和資訊交換是免費的，但是公關人員想要在討論群組中成功地為組織塑造形象，卻必須投入相當多時間心力。首先，社群是一個溝通場域，在其中的使用者經常創造出文字與語言使用的新技巧，例如，透過鍵盤符號組合表達情緒，以數字代替詞彙，以注音符號發音代替文字等，形成社群中有社

群習慣使用的文字和語言；公關人員必須融入方能正確理解。

其次是討論群組內，經常存在組織（尤其是企業）直接競爭對手或反對者，這也是網路被視為是一個難以控制之處。此外，公關人員參與討論群組應該注意的要點，還包括（Haig, 2000: 95-101）：

(1) 確定自己所發表的文章和該討論小組主題相關。不要為行銷硬塞一些與討論話題不相關資訊，若引起反感，反而對組織形象不利。

(2) 適時隔離抱怨、不悅的顧客，進行一對一的交談。此一作法是不要讓抱怨和對組織負面訊息，在社群中擴大，而透過單獨溝通瞭解問題所在，即時予以化解。

(3) 隨時掌握有關自己組織的任何負面消息。

(4) 在討論群組中，建立信用的最佳方式就是針對各種疑問，提出有用的回答。

(5) 注意網路禮節，避免引發反感。

從公關的角度言，能夠找到屬於自己的社群，等於是找到自己設定的目標公眾（姚惠忠，2004：399）；這也是許多組織的網站特地開闢討論專區的目的。不過，討論群組中並非都是為組織行銷的好地方，米多伯格（Middleberg, 2001: 185-191）認為，如是聊天室就不適合，原因是聊天的內容沒有存檔功能，以致和該族群接觸時難以掌握頭緒，甚至當被發現有行銷的企圖時，常出現充滿敵意的言談，組織於此處的策略就是要建立「線上的宣傳者」，若想要貼近線上族群，端視能否找對地方。真正適合的線上宣傳和行銷，則是藉由BBS之類的布告欄，且因布告欄有歸檔，可以搜尋，讓任何人想看就隨時看到，在網上瀏覽時間也可自由控制，不過，若組織本身沒有豐富資訊內容，無法讓使用者有受益，那就不適用布告欄方式。

第四章　網路公關的研究與行動規劃

第五章
網路公關的溝通與效果評估

在網路公關用「溝通」（communication）一詞囊括訊息設計與活動執行等概念，是因為當一個公關活動已經規劃出行動步驟後，也同時意味組織即將向目標公眾拋出議題；而該項議題是否能使之察覺重要性，不僅涉及訊息內容能否完整陳述組織想法，也包括目標對象可否理解掌握。尤其活動透過網路執行時，有時欠缺相關訊息線索幫助理解，當目標對象發出疑問時，這就有賴公關人員適時提出說明，以幫助瞭解，甚至進而促成態度轉變；故為清楚表現網路公關此一動態往返的計畫執行方式，「溝通」實較為適切。

　　而效果評估，是整體公關計畫的一項重要環節。但要如何評估公關效果，卻可能因為欠缺明確數據或指標，令組織管理者與公關人員頗傷腦筋。特別是組織與公關人員皆重視計畫結果導向下，評估方式除應契合組織目標外，若能透過精確的程序步驟，則更能掌控活動是否獲致成效。網路公關進行效果評估時，除可援引一些傳統公關的評估方式外，尚可藉助電腦科技功能，作出更準確判斷。故本章第一節將探討網路公關的溝通，並包含訊息內容策略的說明，第二節介紹效果評估的必要性，如何對網路公關進行評估，有哪些方法及原則，並說明網路公關評估的優點與局限。

第一節　溝通

　　組織針對目標公眾需求而規劃的議題，雖以其利益為出發點，但無疑地，「需求」之適切與否仍在於目標公眾身上；因此溝通的用意除在於將訊息內容表達清楚，也在於透過對話使彼此能達成共識。尤其網路公關受限於「匿名」特性，又不如傳統活

動執行時，可藉面對面人際互動提供即時理解線索；故有其困難度存在，如何形塑出目標公眾可接受的訊息內容，則是溝通階段之首要。

一、訊息內容策略

訊息內容關係到溝通成效。網路公關若只重視載送訊息的工具與溝通形式，忽略了訊息才是溝通核心，將無法順利和目標公眾建立關係。而所提供的訊息若是模糊不清，或已是眾人皆知的一般資訊，或者內容前後不一錯誤百出，均將導致目標公眾反感。想要迎合公眾所需，訊息內容的清晰、明確與獨特性是必要條件，也才能創造有說服力的溝通效果。

(一)說服溝通的策略

說服是公共關係領域重要的溝通效果，旨在使公眾瞭解公關活動的目的。Wilcox等人（2000: 216）認為，說服性的溝通有九大因素，可讓組織瞭解如何說服受眾：

1. 受眾分析：瞭解目標受眾的背景、關心的利益、特性，以及對訊息可能產生的反應。
2. 訊息來源可信度：訊息來源是否具有可信度，涉及整個溝通效果。
3. 以個人利益為訴求：這是人性使然，因為公眾對於引發自身心理或經濟需求的訊息特別注意。
4. 訊息清晰度：簡單、直接、單一概念的訊息，最具有說服力。
5. 時機與內容：當環境因素支持某一訊息時，該訊息會變得

很有說服力。

6. 受眾參與：受眾能夠參與訊息的內容，則訊息會變得更有說服力。

7. 行動建議：建設性的行動建議，對於訊息的說服力有增強效果。

8. 訊息的內容與結構：訊息的內容及結構，對於訊息的說服力也有相當幫助。

9. 說服性說詞：應用提升說服力的技巧與說詞。

　　將這九大因素運用於網路公關的溝通階段時，在「受眾分析」上，公關人員應先瞭解網路目標公眾的態度與信念，進而擬定最適當的訊息內容。其次，「訊息來源可信度」方面則是亟待克服之處，因為有些訊息即使已具名或標榜專業知識，甚至以感性真誠或討喜手法描述，但常在進一步查證後被揭穿不實；因此，公關人員為增加來源可信度，除須保持訊息內容的一致性，甚至可以用簡明易辨的視覺圖案配合，並標示清楚可資查證的網址或聯繫方式，隨時供目標公眾查證。

　　第三，溝通須「以個人利益為訴求」，是強調公關人員應瞭解在網路上目標公眾特質，並在合理範圍內提供他們想獲得的利益；例如，組織有時可針對常發言的使用者舉辦「版聚」，以建立彼此更深厚的友好關係。第四「訊息清晰度」，是指網路雖可容納龐大訊息內容，但公關人員仍應避免太冗長或複雜形式，並將重要的公關訊息以簡單、易明瞭方式呈現，以免造成錯誤解讀或公眾根本不願意閱讀的反效果。第五「時機與內容」，則凸顯網路的即時性，要比單用傳統媒體來與目標公眾溝通更具優勢；特別是當危機產生或因應公關活動執行，同步運用網站、電子報、電子郵件與大眾傳播媒體等進行訊息傳遞，在宣傳上將更具全面性與

穿透力。

第六「受眾參與」，網路的互動性可增進目標公眾的涉入和參與程度，進而影響態度改變或是信念的加強；尤其網路使用者多為主動接收訊息，若能有效說服則多半能建立長期的行為改變。因此，對於「行動建議」，透過網路的媒體功能，則能為目標公眾提供多種方案，並利用圖像配合加深說服效果。而這亦關聯「訊息的內容與結構」，除應依循簡潔、清楚原則，語詞也應適時調整而貼近目標公眾生活情境；若訊息訴求與其生活差距過大，有時則不易激起理解興趣。最後在「說服性說詞」上，使用者的見證是強而有力的方式，在網路上可利用超連結的方式舉證，也可透過專業單位背書。

從網路公關應用這九種說服性溝通的方法還可發現，擅用網路特性，將使網路目標公眾更能集中注意力與訊息理解度，溝通說服效果也更強大。若能配合訊息設計運用理性、情感或恐懼等不同訴求策略，將傳播效果、媒體效果、社會環境、對於組織與目標公眾之間關係等列入考慮，將更有助於達成網路公關目標。

(二)對等性溝通策略

格魯尼的雙向對等溝通理論是網路公關的重要觀念，因為要達到真正的溝通說服效果，必須建立在平等互惠基礎上，而雙向互動更是網路傳播重要特性，公關人員應考量雙向互動溝通的對策，促進組織和目標公眾之間相互瞭解，雙方藉由資訊的交流，以互蒙其利為思考。

誠然，無論傳統或網路公關的溝通，有部分用意是在說服使用者建立態度並促使行為改變；但若僅止於單方面要求使用者遵循組織所給予之意向，則是一種「不對等的溝通」，亦是一種操控

119

第五章　網路公關的溝通與效果評估

和道德上的欺瞞。而爲追求組織與公眾之間達成雙贏，透過網路互動性進行對等溝通，則不失爲較可行方法。

以2003年7月台灣飛利浦公司舉辦的科技大亨網路互動遊戲爲例，此一公關活動利用網路遊戲方式呈現，在虛擬環境中，網友不僅可認識產品，並結合交友與線上遊戲，吸引年輕族群，而從遊戲中脫穎而出的優勝者，還可眞正上任「一日總裁」，增進該公司與網路使用者互動，也增加年輕族群對企業品牌的認識，業者可從遊戲參與人數和參加情況，還有社群討論區等互動資訊，瞭解整個活動運作狀況。若以傳統公關運作在現實環境活動舉辦此一活動，網路虛擬環境中的開店、眾多參賽者競逐，就得耗費龐大成本，也無法達到如同網路般互動溝通的效益。更重要的是，在此一過程中並非組織單向要求公眾理解產品特色，而是組織藉由活動舉辦認識使用者需求，使用者透過遊戲反映意見，從而使彼此皆蒙其利。

二、訊息規劃原則

網路公關的訊息策略，如同傳統公關訊息策略強調目標，即公關訊息如何有效地被目標公眾吸收。Tucker與Derelian（1988）曾指出，好的公關訊息應該符合目標對象的興趣與需求，能帶給其實質利益，因此，公關人員在策劃時應當遵循下列原則：

(一)公關人員是否能充分掌握並界定公關目標？

(二)公關人員是否瞭解目標對象的人口特質與心理需求？

(三)公關人員是否能辨識目標對象實際的需求、興趣和關心話題？

(四)公關人員是否有能力選擇最適當的公關訊息？

(五)公關人員是否可以充分利用多元化的傳播管道以達成溝通效果？

(六)公關人員是否可以選取最合適人選擔任組織公關活動的發言人？

(七)公關人員是否可以妥當包裝訊息，以符合目標對象的需求與興趣？

由此可見，訊息策略和整體公關活動息息相關，其溝通效果亦影響到活動執行成敗。同樣地，網路公關訊息策略亦是網路溝通的核心，唯有提出有說服力的溝通，才有助於獲得目標公眾認同與支持。再者，網路上的訊息呈現，有二大特點，一是不受限於文字，為傳輸互動多媒體的重要載具，具有提供圖像、聲音資料能力；另一則具備資訊高速公路的意義，在於能容納越來越多的媒體，頻寬的增長能夠處理更多資料，讓不同訊息格式（如圖片、聲音、影像）的用途更廣泛，且有自由交換特質（圖5-1）。

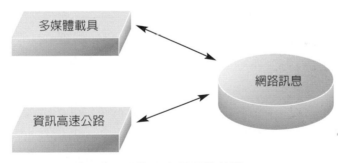

圖5-1　網路訊息呈現的特點

資料來源：作者整理。

第五章　網路公關的溝通與效果評估

這也意味，資訊高速公路串聯我們生活世界所有媒體，讓使用者無時無刻皆能獲取資訊；對於公關人員而言，在訊息溝通時網路可提供的運用設計，更為靈活複雜，並能避開傳統公關活動執行時會受場地、天候或參與人數限制等因素影響，又能同步提供各項新聞宣傳資料，這是其不容忽視的優點。然而相對的，網路公關要進入溝通階段，必須耗費更多時間進行沙盤推演，包括必要的文件資料皆須事前備妥，以免因突發狀況而措手不及。

第二節　效果評估

　　「評估」（evaluation）是公關企劃流程的最後步驟。組織投入大量物資人力，用意當然在藉活動溝通與公眾建立良好關係或塑造組織正面形象；但對於所規劃的公關活動是否達成預期目標；活動溝通與執行時是否受到事先未預知因素干擾；甚至與前次活動相較，此次活動是否更為進步？公關人員能否有效掌握進度？凡此皆須透過評估方能得知。

一、公共關係評估的意義與程序

　　何謂公共關係評估？根據Wilcox等人（2000: 191）認為，評估最佳的定義是由美國Bowling Green州立大學James Bissland教授所提出：「對一項計畫方案及結果進行系統性的評價，這是公關從業人員應對客戶和本身提供解釋說明的一種方法」；而所謂的公共關係結果與解釋說明，則如同聖地牙哥（San Diego）州立大學Glen Broom和David Dozier教授在公共關係研究方法所敘述，因公關計畫方案均預期對組織改變或維持目前處境有顯著的影

響，所以在計畫方案執行後，應該透過研究測量評估以提供公關計畫方案效果。

熊源偉（2002：365-371）則認為，公共關係評估是改進公關工作的重要環節，評估是為展開後續工作的必要前提，也是鼓舞士氣、激勵內部公眾的重要形式；更重要的，評估之目的就是獲得關於公關工作過程、工作效益的資訊，作為決定推展、改進和制訂公關計畫的依據，其程序包括（圖5-2）：

(一)設立統一的評估目標：即指對評估的目標和用途要明確一致，以保證評估工作順利進行。

(二)取得組織最高管理者認可並將評估過程納入公關計畫之中：其目的是強調評估應該受到充分重視，且屬於計畫中的重要組成，而非僅是公關計畫的附屬品或事後補救措施；加上評估本身需要金錢人力支援，因此獲得組織高層認同，有助於評估工作全面推展。

(三)在公關部門內部取得對評估研究意見的一致：是指即使是公關人員也無法馬上將公關計畫抽象的結果和可測量因素連結起來，應給予充足時間深入體會認識，在組織內部發展出對於評估研究的共識。

(四)從可觀察與可測量的角度將目標具體化：評估若無法將公共關係計畫目標具體化、明確化，甚至指標化，則難以測量和說明成效，故應將各評估項目化為可測量的問卷量表，以提高評估結果的準確性。

(五)選擇合適的評估標準：是指必須依據組織公共關係計畫所訂定目標，選擇最能有效測得目標達成效果的評估標準。

(六)確定蒐集證據的最佳途徑：係因蒐集有關評估資料沒有

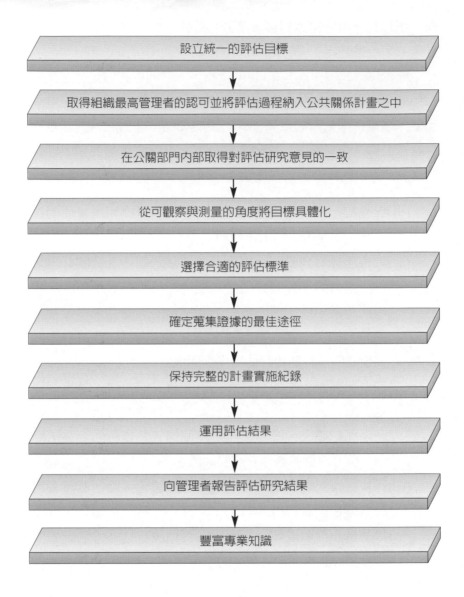

設立統一的評估目標

取得組織最高管理者的認可並將評估過程納入公共關係計畫之中

在公關部門內部取得對評估研究意見的一致

從可觀察與測量的角度將目標具體化

選擇合適的評估標準

確定蒐集證據的最佳途徑

保持完整的計畫實施紀錄

運用評估結果

向管理者報告評估研究結果

豐富專業知識

圖5-2　公共關係評估程序

資料來源：熊源偉（2002：365-371）。

網路公關──理論與實務

絕對或唯一的最佳途徑，並非只採用調查方式進行評估，應視評估的目的、所選擇的評估標準，進行衡量。

(七)保持完整的計畫實施紀錄：是因這些資料充分地反映公共關係人員的工作方式與成效，可作為參考與檢討改進的依據。

(八)運用評估結果：可驗證組織在公關策略運用是否得當，對下次公關計畫問題確定和形勢分析上將更加準確，使公共關係目標更符合組織發展的需求。

(九)向管理者報告評估研究結果：除了讓管理者掌握公共關係運作情況，展現公共關係活動對於組織的重要性外，還有持續保持公共關係活動與組織目標一致性作用。

(十)豐富專業知識：透過活動效果評估，不僅能使公關人員理解與掌握更多專業的知識，亦可充實公共關係理論與實務的內涵。

總括而言，公關評估工作的重要性，在於主導與控制公關計畫擬定與實務進行，所以有越來越多組織的公關人員以及專業公關公司，把評估納入向組織或客戶提供服務的重要內容，而公關人員透過評估，對組織或顧客說明公關方案現況與預期效果，更是一種負責任的表現。因此，公關評估工作的重要性，主要在於確定公關計畫活動與組織經營目標相符合，並於整個公關計畫擬定、執行到活動結束的各個階段，持續進行評估工作，確保公關計畫效能提升，讓組織管理者看到推展公關工作的明顯效果，使組織內部員工認清本身組織的利益與目標實現途徑，進而將組織目標與自己的工作緊密結合，鼓舞且激勵組織內部士氣。評估更是未來組織進行公關計畫的重要依據，讓組織公關工作能有連續性。

第五章　網路公關的溝通與效果評估

二、傳統公關評估標準與方法

　　瞭解評估的重要性與程序後，在實際執行時，雖知道必須依據組織公關計畫所訂定目標，選擇合適的評估標準，但評估必須有哪些標準？如何確定標準？公關專家學者們（Cutlip et al., 2000: 436；熊源偉，2002：372-382）提出了一些看法，主要將評估工作分為計畫「準備」、「實施」到「影響」三個階段，並於每個階段擬定評估項目標準（表5-1）：

(一)準備階段：主要評估項目包括「背景材料是否充分」、「資料內容是否正確充實」、「資訊表現形式是否恰當」。首先，「背景材料是否充分」指的是相關資料的「完整性」；這個階段因公關活動尚未展開，故除須掌握目標公眾特性，並應詳細分析對於公關計畫具有影響性的因

表5-1　公共關係評估標準與方法

評估標準	評估項目
準備階段	1. 背景材料是否充分 2. 資料內容是否正確充實 3. 資訊表現形式是否恰當
實施階段	1. 檢查發送資訊的數量 2. 資訊被傳播媒體所採用的數量 3. 接收到資訊的目標公眾數量 4. 注意到該資訊的公眾數量
影響階段	1. 瞭解資訊內容的公眾數量 2. 改變觀點或態度的公眾數量 3. 發生期望行為和重複期望行為的公眾數量 4. 達到的目標和解決的問題 5. 對社會和文化的發展產生影響

資料來源：Cutlip et al.(2000: 436)；熊源偉（2002：372-382）。

網路公關──理論與實務

素。其次，「資料內容是否正確充實」即資料的「合理性」，為檢視公關活動準備的資訊內容資料是否和計畫目標相符合？目標公眾能否接受？會不會造成誤解變成阻力？以確保資訊達成預期的傳播目標。第三，「資訊表現形式是否恰當」即資料的「有效性」，為檢驗運用的媒體及選擇的文字語言圖片等，是否達到公眾理解及接受的程度。

(二)實施階段：評估項目有「檢查發送資訊的數量」、「資訊被傳播媒體所採用的數量」、「接收到資訊的目標公眾數量」、「注意到該資訊的公眾數量」。

此一階段評估重點，在於對公關活動的實施過程進行記錄，以發揮監控與回饋功效。故首先「檢查發送資訊的數量」，是從對媒體宣傳發送數量中，看出公關人員的執行力，例如，對廣播電視發言次數、新聞稿發送的件數即是指標。其次，蒐集「資訊被傳播媒體所採用的數量」，係因組織的資訊發送量未必完全被傳播媒體所採用，但訊息只有透過後者才能廣泛傳遞；倘若所製作資訊不能被採用，不僅無法達到效益，也浪費人力金錢。再者，「接收到資訊的目標公眾數量」，即對於收到資訊的各類公眾進行分析統計，以評估目標公眾對組織資訊材料接受度如何，若訊息暴露不足則須瞭解問題所在並進而採取補救措施。最後，「注意到該資訊的公眾數量」，係因公眾接收到資訊並不代表就會注意其內容，調查注意到資訊的公眾數量，則可明確掌握公眾對於資訊內容的注意程度；若資訊內容無法引起公眾興趣與注意，則應進而修正訊息呈現方式。

(三)影響階段：評估項目涵蓋檢查「瞭解資訊內容的公眾數

第五章　網路公關的溝通與效果評估

量」、「改變觀點或態度的公衆數量」、「發生期望行爲和重複期望行爲的公衆數量」、「達到的目標和解決的問題」、「對社會和文化的發展產生影響」。

影響階段係對整個公關活動作總結性的評估。因此調查「瞭解資訊內容的公衆數量」，是欲知道公關活動進行前後，公衆是否增進對組織或議題的認識與理解，必須評估有多少數量公衆透過公關計畫實施，理解資訊的內容。其次，「改變觀點或態度的公衆數量」，係評估有多少公衆改變觀點，或有多少公衆產生態度轉變；通常觀點與態度之間未必存在因果關聯，有時前者改變後伴隨產生態度改變，但也可能觀點改變態度未變、或觀點沒變但態度卻所有改變。

　　舉例來說，自來水公司透過媒體向民衆宣導節約用水，避免缺水之苦，民衆看到相關資訊後，只要認知到可將洗澡水儲存來沖馬桶或其他用途，即達到改變觀點作用。但也有可能是民衆雖認同節約用水，但態度上卻覺得過於麻煩，而未實際配合；或者民衆雖不認同洗澡水循環利用能有效節水，卻有意識地檢查水龍頭是否關緊，或在馬桶中加裝節水器，即是對宣導觀點沒變但態度改變。故若就此來看「發生期望行爲和重複期望行爲的公衆數量」，當公衆發生期望行爲，則可肯定他們必然已接受組織所發出的公關訊息或某方面被說服，但發生期望行爲和重複期望行爲兩者差別，在於後者改變較爲徹底；譬如針對酗酒者推行戒酒運動，若僅是有時一天不喝，則不能視爲已根除惡習。故從該運動延伸，亦凸顯影響的另一層次評估項目，在於是否「達到的目標和解決的問題」，從公關計畫目標和活動實施後的結果兩相對照，即可瞭解。更擴大觀之，一個推行成功的公關計畫無疑也會「對

社會和文化的發展產生影響」；如「荒野保護協會」長期推動台灣的自然生態保育，在處理花東海岸「台十一線水泥消波塊」、「棲蘭檜木國家公園」等問題時，即使民眾和政府共同意識到生態環境的重要性，從而以更為環保的方式來制定公共政策。

歸結上述，公關計畫的評估過程可分為準備、實施與影響等階段；每階段雖有不同標準，但所關切核心，仍著重在每個環節的「效果」檢測。直言之，組織為公關活動投入龐大物資人力，當然希望計畫實施後能達成預期效益；故而在整個公關計畫活動，評估應從始到終貫穿整個過程，並翔實、客觀地蒐集資訊。同時，從評估中也可檢視公關預期目標為何無法達到，究竟是計畫先前準備工作不充分，亦或是實施過程產生偏差，甚至瞭解公眾是否受到影響。此外，公關人員也必須注意評估方法的選擇，所用之標準是否恰當，以免預期結果已經出現卻還認為沒有發生。

二、網路公關效果評估

再從前述各階段條列種種評估項目來看，傳統公關已經發展出一套完整標準，可供檢視活動施行是否符合原始計畫目標設定；而網路公關效果評估是否也可循此標準來衡量？無可否認的，組織為謀求與公眾間互利雙贏，故展開種種公關溝通行動，因此無論透過傳統之說明會、公聽會等面對面的活動舉辦，或者藉由新科技之力在網路上執行，其共同點皆係「目標導向」思考；亦即以目標達成作為成效依據，而中間手段可靈活運用。Holtz（2002: 348）指出，網路公關計畫評估的用意，在於檢視是否達成計畫擬定時所設之預期目標；因為一個公關活動，只有實現目標才可稱得上是成功。

第五章　網路公關的溝通與效果評估

(一)網路公關評估的意義

因此，對網路公關進行評估，援用傳統常用評估標準殆無太大疑義；但問題正在於：如何藉此以說明網路公關溝通活動的有效性？換言之，組織透過網路向公眾進行計畫溝通，當然存在先前準備作業，亦有其欲達成之目標，甚至要動用相關資源時也須經過管理階層同意，所以在程序上可就前節各家學者所提出的觀點來加以思考；不過若考量到網路公關特性，活動溝通效果達成與否則須從不同層面加以考察。

也就是說，傳統公關為效果評估發展出的測量訊息曝光度、公眾反應等調查方法，運用於網路公關效果評估時須稍作修正。以訊息曝光度為例，傳統的操作方式是調查公關訊息在媒體上的暴露時數、次數或版面大小，但若以相同思維來看，一則訊息在網路上被點閱率的高低，並不能完全證實閱讀者即為完全對該訊息有興趣的公眾。比較合理的作法是透過軟體追蹤使用者停留時間、閱讀順序、從何網站轉至本頁面、又進行哪些活動（如下載文件、玩遊戲、填問卷），以及更廣泛的來看網路與各種媒體的整合，對目標公眾產生何種影響；如2004年底雅虎奇摩網站舉辦「誰讓名模安妮未婚懷孕」活動，實施期間吸引了一百七十七萬人次上網瀏覽，十三萬餘人註冊參與遊戲，也在電視、報紙等媒體上造成話題。就實施階段「資訊被傳播媒體所採用的數量」、「接收到資訊的目標公眾數量」、「注意到該資訊的公眾數量」等評估標準來看都算是成功的；但若從影響階段重視「重複期望行為公眾數量」增加，以及組織要與公眾維繫長久關係的計畫目標來衡量，短期間的使用者流量衝高，但活動結束又恢復原貌，再加上投資超過千萬的廣告費，相對凸顯活動效益未如預期。

從這些線索檢視，網路公關評估的意義，顯現出「量的增加」

與「質的提升」兩項條件須等量齊觀。先就「量」的角度觀之，傳統公關在各個評估階段皆重視各種數量的增加，無論「資訊被傳播媒體所採用的數量」或者「發生期望行為和重複期望行為的公眾數量」；網路公關當然需要量的成長作為活動與目標對照指標，但另一方面，基於雙向互動的活動溝通方式，也重視和目標公眾關係的長久建立。所以就「質」的角度來看，組織與網友的互動未必全然顯現於量的層面，卻有利於彼此透過對話而增加瞭解；僅就前述「誰讓名模安妮未婚懷孕」的例子，有時組織多和使用者對話以掌握其需求，提供所偏好的服務，反更能維繫彼此長久關係。

(二)網路公關評估標準與方法

因此如何同時兼顧「質與量」的要求於網路公關的評估標準中，成為最具挑戰性的問題。基本上，網路資訊傳播與增加速度與日俱增，再加上成本低廉，使許多企業組織皆將其視為不可或缺的工具；然而，當網路上的資訊交換越來越多時，如何凸顯自我特色，讓上網者可以輕易地注意到這些資訊，已是公關人員更要絞盡腦汁來思考的（陳枝蘭，1999：62-63）。

故若欲結合「質」、「量」兩項條件於評估標準中，除前述從計畫「準備」、「實施」到「影響」三階段所羅列之各項評估項目，可作為判斷依據外；另外也應注意到以下各項要求：

1. 檢查原定網路公關目標的達成率：即經過評估後，將活動實施後成效與原有計畫欲達成的組織目標進行比較，檢視是否達到預期理想。
2. 檢視成本及報酬率：評估網路公關計畫所使用的人員、時間與費用，是否與原計畫的預估相符，並分析各項花費是

否值得，有無合理使用經費，獲得應有的價值效益。

3. 對傳播媒體評估：網路公關活動在溝通工具上，除透過網路外，最佳效益是結合各種傳播媒體共同宣傳報導有關組織的目標。因此評估傳播媒體所發揮之效益，不僅要記錄電視、報紙等傳統媒體的報導數量及篇幅，另外也應注意到其他如家用或行動電話、PDA等傳播媒介，對訊息的溝通效益。

4. 網路互動性的評估：從「質」的角度，網路鮮明的互動特徵豐富了網路公關內涵，這種互動性不僅可讓公眾有更多的參與，也能從意見交換過程增進彼此瞭解；從而也是網路公關效果標準之一。

5. 對真實世界影響力的評估：對網路公關效果進行評估，除可為未來公關計畫活動實施提供參考依據，虛擬網路世界的發展，亦可能會對真實世界產生改變。因此，對於網路公關的評估並不局限於線上，對於線下真實世界中會對公眾產生何種效應，需要瞭解多方面的關係加以評估。

除了上述網路公關效果評估的幾項要求；另外，目前較常使用的評估方法包括：

1. 點閱率（Click Through Rate, CTR）：公眾在網路上點選公關活動資訊的次數，這是最普遍的網路評估效果方式。早期點閱率經常被視為公眾造訪網站的重要依據，也被公關人員視為公眾接收宣傳資訊的重要統計數據，並以網頁有多少點閱率，來顯示公關資訊宣傳效益。不過，Holtz（2002: 348-349）認為這毫無意義，將點閱率視為衡量有多少公眾訪問組織網站的標準，並無實質作用；而且更大的問題是，點閱率的數據並不等同於接受訊息的公眾數量。

表5-2　網路公關效果評估項目與方法

....

效果評估項目	評估方法
1.檢查原定網路公關目標的達成率 2.檢視成本及報酬率 3.對傳播媒體評估 4.網路互動性的評估 5.對真實世界影響力的評估	1.點閱率 2.到訪紀錄 3.網站後台管理監控

資料來源：作者整理。

　　原因出於網路的匿名性，點閱率只代表網頁被點選的次數，卻不等同真正有多少人閱讀網站資訊內容；且更可能的情況是有人連續多次點選造訪，或者組織為創造高流量假象而虛構點閱率。另外，點閱率無法告訴公關人員，點選網頁觀看資訊者，就是組織的目標公眾；當然更無法依據觀察點選，判斷對於資訊公眾的行為、態度及觀點產生影響。

2. 到訪紀錄：利用軟體設計功能，發展出網路監看系統，記錄組織網站的訪問量，包括取得造訪者的電子郵件信箱、造訪者的網址、每個月該網址上站總人數、每日上站人數、瀏覽過哪些網頁、平均停留時間等。與點閱率相較，訪問量是一個更為實際有效的評估方法。

3. 網站後台管理監控：可透過電腦技術，獲悉活動內容下載量，而網路公關活動經常會以免費加入會員方式，取得並蒐集造訪者的基本資料。進行評估時，一方面可分析加入會員者的基本資料，推斷人口特徵；另一方面透過監控觀察，瞭解會員們對於公關宣傳資訊的反應，並觀察是否在接收公關訊息後，改變觀點，甚至改變態度、採取行動，如參與線上互動溝通等（表5-2）。

第五章　網路公關的溝通與效果評估

這些評估方法實際運用時，亦得考量溝通工具的形式差異，而有不同的衡量方式。舉例來說，對於以網站、電子郵件與新聞記者建立公共關係的訊息載送策略進行評估，其要點如下：

1. 網站名稱及內容曾出現於各媒體新聞報導的次數？
2. 新聞報導採用了哪些網站內容資料？
3. 有多少記者曾經確實造訪網站？下載哪些資料？
4. 願意留給電子郵件地址的媒體記者有多少？
5. 記者對於網站與收取電子郵件的建議為何？

　　此外，從「量」的角度思考時，對網路公眾的評估還可採取記錄網站到訪次數，及網上所提供資訊的下載次數為依據；尤其提供組織相關資訊或活動內容網路下載，可與實際印製成書面紙張所耗費成本做比較，是否有利於組織經費節省。此外，亦透過討論區、社群、搜尋引擎瞭解公眾對於組織網站的看法，或是主動採取網路問卷調查方式，徵求造訪公眾的意見。這些資料的蒐集，不僅有利於將外界意見轉到組織相關部門，更可隨時發現可能隱藏之危機。基本上，網路公關的另一功能係消弭危機於預先，特別是網路作為人際互動場域，有時反而就是危機的起火點；那麼當發現不利於組織形象或利益的輿論，要馬上採取相對應手段進行溝通，以消除誤解。

　　這也意味，網路公關運作時評估是不斷循環反覆進行中，一方面對於整個公關計畫方案的實施前、中、後均予以各階段效果評估；另一方面在執行過程中，對於監控所得資訊也持續進行成效判讀。透過積極的評估、回饋與修正，皆是希望網路公關效果能達成組織目標。

第六章
網路危機管理

公關的危機意識與處理方式，向來是組織管理的焦點。由於危機難以預期，對完全沒有準備、或是尚未準備周全的組織而言，常因危機突然降臨造成形象受損，或蒙受更重大損失。如何採取有計畫、步驟和效率的對策與行動，以達到解除危機目標，是組織危機管理最終目的。

危機管理之所以被視爲公關運作的突發挑戰，原因在於組織的負面議題出現後，與之有關的公眾基於自身利害與趨吉避凶，往往強烈要求瞭解事情眞相及其對自身影響。這時，組織對危機事件的應對處置，即展現組織平常所累積的公關能量；而藉網路進行危機處理，即試圖運用其溝通功能以作爲化解危機的滅火器。不過，網路的強大功能雖可協助組織公關運作，本身也因傳播特性而可能成爲危機的起火點（吳宜蓁，2002：116）。本章第一節從危機與危機管理的概念談起，並指出危機管理的四個基本要素（預防、準備、實施及學習）；繼之，第二節說明組織會面臨哪些網路危機；第三節則敘述網路危機處理步驟，並對網路監控及造反網站提出因應之道。

第一節　公關與危機處理

「危機」的字面意義，常令人聯想到危險、難關、彷彿面臨生死攸關。但也可將危機兩個字拆開解讀，即福禍相倚，危險發生時刻通常也是轉變契機。以此觀點切入，危機被界定爲不可預測事件，若未妥善處理，即會對組織或相關人員帶來威脅與負面後果；但若能夠仔細因應，就有轉危爲安的機會。

一、危機的定義

　　危機種類眾多（表6-1），常見類別包括營運上的危機，如產品缺失、突發災難、罷工、財務困難；行政管理的危機，如背信詐騙、貪污弊案。至於發生在網路上的危機，則有駭客入侵、資訊不實、違反保密協定、洩漏客戶資料等。危機處理是否恰當應取決社會輿論，由外界予以評價，而非個人或組織自行判斷。

　　一般而言，危機事件可發現的共同特點，一是個人或組織本身消息欠靈通，缺乏資訊來源，二是因未能及時充分應變，造成本身陣腳大亂與外界揣測，甚至謠言紛傳。尤其危機發生之初，不僅個人與組織內、外部公眾關心，也會引來媒體關注，若事前未擬定一套應變措施採取行動，事後又不善溝通解釋，未能迅速且全面做出回應，危機一旦擴大到失去控制，將難以收拾。

　　公關實務界與學界對於危機之界定，皆著眼於對組織所造成的負面威脅（表6-2）。Coombs（1999）將危機界定為「不可預測的事件，如果沒有善加處理，將會對組織、企業或相關人員帶來負面後果」；美國公關與危機管理專家傑佛端・卡波尼葛洛（Jeffrey R. Caponigro）指出：「危機是指可能對企業信譽造成負面影響的事件，對公司而言，通常是已經或即將失控的局面」（陳

表6-1　危機的類別

類別	危機事件
營運危機	產品缺失、突發災難、罷工、財務困難
行政管理危機	背信詐騙、貪污弊案
網路危機	駭客入侵、資訊不實、違反保密協定、洩漏客戶資料

資料來源：作者整理。

表6-2　危機的定義

學者專家	定義
W. Timothy Coombs (1999)	不可預測的事件，如果沒有善加處理的話，將會對組織、企業或相關人員帶來負面後果。
Jeffrey R. Caponigro (陳儀、邱天欣譯，2002：13)	危機是指可能對企業信譽造成負面影響的事件，對公司而言，通常是已經或即將失控的局面。
吳宜蓁（2002：24）	危機是在無預警的情況下，所爆發的緊急事件，若不立刻在短時間內作成決策，將狀況加以解除，就可能對企業或組織的生存與發展造成威脅。

資料來源：Coombs(1999)；陳儀、邱天欣譯（2002：13）；吳宜蓁（2002：24）。

儀、邱天欣譯，2002：13）；吳宜蓁（2002：24）認為，「危機是在無預警的情況下，所爆發的緊急事件，若不立刻在短時間內作成決策，將狀況加以解除，就可能對企業或組織的生存與發展造成威脅」。顯然，危機形同組織存亡難關，已經面臨轉變的關鍵時刻，一旦處置失當，則將造成組織的發展困境，甚至損害。

二、危機管理計畫

　　學者和專家們對於危機的看法，還有兩項共同點，一是危機常以無預警方式出現，或是難以預測，所以應該有危機意識，採取預防措施，亦即人們經常說的「居安思危」；二是若能「好好處理」、「立刻在短時間」內作成決策，則可望將危機狀況解除，避免遭受損害，這是指需要有一套危機處理方式，且執行時得臨危不亂及動作迅速。從這兩點顯示，組織處理危機時，需要擬定或採取確切可行的因應策略和管理措施，也就是危機管理計畫。

危機管理（crisis management）是指一些處理危機步驟並減少損害的原則要素，用意在於避免或減少危機負面後果，並保護組織、相關人士或產業等降低傷害（Coombs, 1999；林文益、鄭安鳳譯，2003：2-5）。另外，姚惠忠（2004：239-240）則認為，危機管理應該是一種長期性的規劃、適應和不斷學習的動態過程。換言之，危機管理不光只是一個計畫對策，還包括了組織本身的危機意識，所執行的危機處理與控制方式，應變對象主要是針對潛在或當前危機，而其處理工作涵蓋整個危機事件過程，從事先的潛伏期、發生期，至事後的善後與復健期。

　　危機管理是公關運作中不可或缺的一環，公關人員平日的溝通與宣傳等作為，有助於危機處理時，幫組織順利化解危機，重建良好關係。若缺乏危機管理意識或能力，導致處理失當，不論對個人或組織來說，輕者名譽受損或影響有形物質收入，重者事業終結或公司倒閉。然若事前擬定應變策略準備，則可使個人或組織因禍得福。因此，公關危機管理被視為從業人員在危機意識或觀念下，所進行的預測、監督、控制、協調處理等作為。

　　不同的組織因所處環境差異，所發生的潛在危機各不相同，加上無法預測，致使危機對組織而言，並無一套簡單或共同的方法與準則可遵守。學者Coombs（1999）提出，預防、準備、實施及學習是危機管理的四個基本要素（林文益、鄭安鳳譯，2003：5），可用作公關人員在面臨組織危機時的思考方式。

　　所謂「預防」，因為危機雖是一種威脅，變化複雜而難以預測，但卻非不可預期，有些危機事前會有警訊出現（Irvine & Millar, 1996）；如何針對警訊加以消弭控制，並防患於未然，成為預防階段的主要工作。其次「準備」，則是當組織遇到危機狀況，最常見「以不變應萬變」或以一般行政程序應對；但實際上，危機常因當局者迷，致使身陷危機而恐慌或過於自信，反而

進退失據。有關危機管理計畫的準備工作，可參照處理危機事件經驗豐富的專家建議，再依據組織個別情況調整擬定操作步驟。但組織應有的基本認知是：此一危機處理計畫未必能解決所有危機狀況，僅可作爲協助組織陷於危機時，應變決策的參考架構。

再者，「實施」是指測試危機應變的準備事項，因爲危機管理計畫可能流於空談，經由模擬演習或訓練，可讓組織成員熟悉處理計畫的流程，檢視各環節包括危機處理小組、發言人等各種任務編組人員是否稱職。最後的「學習」，主要是於模擬演習中，修正改進危機處理計畫，並參考眞實危機案例中所採行的措施進行評估。由於危機一直是新聞媒體報導題材，無論個人或組織皆可從一些眞實發生案例中，學習如何應對並培養危機處理能力。因此，預防、準備、實施及學習等要素，實爲危機管理核心思維。

第二節　組織的網路危機

談到網路危機，對不同層面的網路使用者當然會有認知差異。但若從「技術」環節來看，可概略分成兩大面向，一是「網路系統設計」所產生的危機，例如，網路安全漏洞等；另一則是「網路使用」所產生的危機，例如，網路謠言、資訊公共安全、網路犯罪等。前者涉及程式設計須具備專業知識，故本節討論的網路危機，主要係針對後者探討組織面臨的危機事件；由於網路資訊傳遞快速，使得危機造成負面形象擴散極速，一如「壞事傳千里」。

一、組織面臨的網路危機

　　由於網路加快傳播速度，縮短訊息傳布的時間與空間，個人或組織一旦發生危機，可能在很短時間內就由網路傳播至世界各地，速度有時相對比透過廣播、電視和報紙等媒體來得快。此外，因為網路訊息快速傳遞，壓擠了對事件全貌詳述的空間，縮短了查證的時間，造成傳開後的訊息通常只有單方面說法，訊息形同網路謠言般，導致組織形象受損。換句話說，組織除須面臨生活世界突如其來的危機；在網路上，有時少了守門人過濾反而更容易產生不利訊息，而其快速傳播之影響往往令組織難以估量。

　　換言之，無論是生活世界的危機透過網路傳播，或者危機就起於網路之中，都令組織與公關人員神經緊繃。因為網路使得訊息傳播者與接收者的界線模糊，有些危機會在網路中加速傳播，有些則會從網路中蔓延至生活世界而成為媒體題材；例如，「肯德基的雞是基因改造的無毛雞」，或「盜版用戶一旦安裝微軟SP2，若2005年6月前未進行認證，所有應用程式將停擺」，乃至從台大「批踢踢實業坊」流出的「東海大學劈腿事件」，這些資訊雖然已經證明是純屬虛構，但經過媒體報導，卻對當事人或組織造成難以彌補的損失。

　　再者，面對網路匿名公眾繪聲繪影的傳述，公關人員常有不知從何解釋或該向誰說明的困難，僅能被動的在組織網站上隨時公布最新消息；不如傳統媒體，尚可找到訊息發布者或意見領袖加以解釋說明。更有甚者，對於這類網路的潛在危機，常常是得知時已經傳得沸沸揚揚，由於消息來源匿名和難以追查，即使花費大量時間人力，也對危機的彌補效果有限，只能朝向善後的處

141

理方式進行。此類事件的發生也凸顯組織面臨危機時，公關人員會運用傳統媒體與網路等溝通工具澄清或說明。

網路雖具備強大溝通效果，而成為組織危機處理時一股助力，但亦是潛在危機類型中的一種。面對網路危機可能帶來的負面效應，公關人員應該充分掌握網路危機的成因與影響力，建立事前防範及危機處理能力，強化風險分散及轉移技巧，進而將網路危機管理導入計畫中。

二、網路危機中的公眾

在進入網路危機管理計畫之前，另一個必須關注的環節是公眾。網路普遍應用的今日，從內部的員工、投資人到外部顧客、媒體等公眾，幾乎已將網路視為掌握組織危機狀況的首要資訊來源；同時也希望危機發生時，能即時在網路上找到所需資訊（Middleberg, 2001: 159）。這是因為危機出現時，與組織有關的內、外部公眾，除了從媒體獲悉事件報導外，更希望從組織獲取正確資訊與事件處理進度，同時明白公司處置立場。

然而，正因不同公眾在危機發生時皆有其獨特資訊需求，故媒體成為組織處理網路危機時，訊息發布的重要考量。而這裡的「媒體」應有不同思考，除包括傳統新聞媒體外，網路上還有一些提供顧客服務的非官方網站；這些網站甚至會提供即時新聞服務，因此其重要性與傳統媒體同樣不容忽視。一般報紙、雜誌、廣播、電視等媒體，在危機事件發生時，會緊迫盯人要求或守候組織高層或發言人說明，以瞭解該組織採取哪些危機應變處理措施；而網路非官方網站的管理人，雖不會像記者般親自採訪，但也編輯引用媒體報導或是採用官方網站的最新公布資料，所以會不斷上網尋求資訊。誠然，面對一般媒體和網路上傳播者需求，

組織最佳處置方式，就是透過自己網站公布最新的資訊，避免二手傳播以訛傳訛；但如何擅用網路上的非官方網站或相關新聞連結，則有賴公關人員隨時掌控網路世界的訊息流動。

再者，對組織內部員工言，由於關心危機事件可能會造成組織損失而受波及，或影響工作權益；尤其是內部相關工會團體，更須獲悉組織的緊急應變程序，以研判是否會影響員工福利，因此會積極透過各種管道，以掌握事件發展最新狀況。然而組織內部員工，若未能直接從公司高層處知悉決策結果，常導致人心浮動而造成流言產生，使組織蒙受更大損傷，故組織面對外在危機壓力之餘，要安撫內部公眾，除了隨時召開會議溝通意見，還可透過內部網路隨時公布最新處置狀況。

另外，危機事件的受害者，或受危機影響的人，也是主動搜尋新聞和資訊的一群，且希望組織能對危機事件，主動提供詳細與客觀的解釋。此時組織可透過網站，公開表達必要的關懷與慰問之意，提出對於事件的解決方式，甚至透過聊天室和社群，提供受害者和受危機影響者的抱怨管道。

至於顧客，也會關注組織對於危機事件處理的作為，不過比較實際的需要是獲得組織未來的損害預防措施，以及對過去傷害的補償作為等資訊，因此企業必須透過網路說明所有的緊急程序，同時將網路視為公共論壇，體認對公眾所造成的不便。

組織不應忽視的公眾，還有經常觀察組織動態的宣傳者以及具影響力的人，例如，分析師和經常發表意見評論的媒體工作者，他們會和新聞記者一樣，主動上網瞭解整個危機事件錯綜複雜的情節，關切危機事件對該組織會造成何種影響，所以組織應該採取主動示好的手段。

另外，不能忽視的公眾還有政府主管機關、同業公會或工會等組織、民意代表、地方社區、環保團體、消費者保護團體等組

織。在危機事件發生時，組織即使有心想和所有公眾對象進行溝通，也可能是心有餘而力不足，透過網路及組織網站表達有解決危機事件的誠意，以維持組織和內部、外部公眾及相關單位組織的關係，已被各組織視為一項重要的危機傳播工具，更是網路公關危機管理必要的操作。

第三節　網路危機處理

危機管理有四項基本要素：預防、準備、實施及學習，這些要素也是進行危機管理工作的過程，同樣地可運用在網路危機管理之中。有效的網路危機計畫的整體目標就是迅速提供資訊，傳遞組織的訊息，並昭告公眾，另一方面也為預防和反制在事件發生後，可能在網路上流傳的不實謠言與攻擊，採取必要措施，而這些應變作為，需要事先擬定預防計畫與準備工作，並有一套實施步驟，同時在不斷的學習中求改進。

一、網路危機處理步驟

組織在擬定網路危機管理計畫時，應該與網路公關運作相結合，規劃一個線上危機處理小組，作為正式對外界疑問答覆的決策單位；並定期訓練和檢討，以確保對任何重大危機都能做好萬全準備；所提供的資訊，應考量能盡力滿足組織的內、外部不同公眾對象的需求；而如何迅速地與組織目標公眾聯繫，可能派上用場的電子郵件地址等資料，均應事先準備妥當。

Middleberg（2001: 165）就提出了運用網路進行危機管理的五個必要步驟（圖6-1）：

```
步驟1：採取預防措施
步驟2：與入口網站、新聞網站建立關係
步驟3：危機事件一形成立即上網採取行動
步驟4：事先發布消息
步驟5：聲明內容公正誠實豐富
```

圖6-1　網路危機處理五大步驟

資料來源：Middleberg(2001: 165).

(一)採取預防措施

　　採取預防措施，設計一套策略且建立一個緊急網站。策略的
目標主要表達對所有人員在安全和權益上的關心，並迅速確實地
傳達組織立場給相關的目標公眾，避免任何媒體的負面關注。

　　網路既已成為深入公眾日常生活的傳播媒體，對於重要消息
的即時回應是絕對必要的。健全的組織會為一個緊急的危機事
件，架構一個專屬網站，凝聚並控制資訊流向，並有別於組織原
本的形象或行銷網站，在危機期間，該網站應被視為組織官方回
應的象徵，這是組織在危機事件發生前，應納入的預防計畫和準
備工作。

　　網站的建立主要靠充實的內容，當危機事件發生時，才匆忙
架設或因提供的內容資訊過於簡陋，反而容易遭致反感，設了網
站比不設還糟糕。因此，架構一個緊急網站，就如同新聞媒體準
備重大事件報導規劃，應將組織在危機事件發生時，所想要透過
網站傳達的資訊依重要性先後予以安排，內容包括不斷更新的官

第六章　網路危機管理

方新聞聲明、與危機相關的豐富背景資料、圖片、緊急聯絡窗口、負責人員、與線上使用者的互動聯繫，以及與其他相關網站連結。一旦真的派上用場，只要將處理危機說明等資訊予以補充，將網站掛上網際網路並和組織原有官方網站相連結即可，事先妥善的準備工作與應變策略，將有助於組織面對危機事件時，給予外界迅速回應的良好印象。

Middleberg〔2001: 163〕指出，專家們認為最有效地危機管理運作，是在事發後的二十四小時黃金時間內，必須做出回應，為避免組織危機處理時疏漏，他提供網站所需資訊的檢查清單以供參考，包括有：

1. 新聞稿。
2. 危機高峰期迅速更新的論述。
3. 連結實體和網路世界的資訊。
4. 短片和照片。
5. 地圖、圖表、附圖。
6. 相關人、事、物的背景資料。
7. 相關資料原來的連結。
8. 相關新聞網站的連結。
9. 資訊和新聞稿的搜尋引擎。
10. 適當長度的影像或聲音檔。
11. 法律文件。
12. 第三者的證詞和引言。
13. 大事紀要。
14. 額外的技術（例如，可藉由電子郵件或簡訊傳遞更新訊息的能力，或是互動的資訊導覽）。

值得注意的是，因為網路資訊傳遞速度如此快速，因此在散

播資訊前，應該先要三思，檢視內容的適當性，切記適時更新，減少旁生枝節。

(二)與入口網站、新聞網站建立關係

與主要入口網站、新聞網站建立連結，以確定若有危機發生，民眾可在這些網站上得到最新資訊。

在許多入口網站或新聞網站提供的資訊內容中，若出現組織的專有名稱，應設定超連結，或是名稱之後的網站連結註記，經點選後，可進入組織的網站。對於入口網站或新聞網站業者來說，這是一項提供使用者資訊查詢的服務，然對於組織而言，亦是幫助網路使用者和組織建立關係的良好管道。組織平時應注意是否與網站業者建立此一連結關係，當發生危機事件時，也有助於目標公眾透過網路查詢相關新聞報導時，亦能點選直接進入組織網站，獲取最新的資訊。

(三)危機事件一形成立即上網採取行動

須具備危機意識，把握黃金二十四小時，採取應變計畫。組織發生危機事件，在很短時間內，藉由網路傳播即可傳遍全世界，因此，公關人員必須具備危機意識，並在時間掌握上分秒必爭。一旦判斷確定形成網路危機事件，最好在同一時間相關資訊就應連結上網，採取應變計畫所欲施行的策略，並於最快、最短時間內，接觸想要溝通的目標公眾。

(四)事先發布消息

杜絕不必要的謠言與臆測，應事先發布訊息，避免公眾接收到以訛傳訛的訊息。即便危機事件尚未透過網路廣為流傳，組織也應該妥善利用網路強大的傳播力量，立即廣泛地傳遞有關最新

資訊，就如俗話所說「先下手為強」，掌握資訊並加速傳播的速度，杜絕一些不必要的謠言與臆測。尤以新聞媒體講求時效，不可能久候組織再三考量後所發布的聲明，或是等待召開的記者會，如果一直等不到最新資訊，記者就會以手邊有限資訊予以報導，而這些資訊經常是有待查證，也可能是以訛傳訛，充滿著揣測，萬一訊息不實將對組織造成傷害。在此同時，組織若應變速度過慢，對線上社群漠不關心，也極易成為攻擊焦點。

(五)聲明內容公正誠實豐富

在網站上的聲明必須公正誠實，能契合媒體和大眾，並儘可能地提供最多的資訊，包括免付費服務電話、更新的資訊，以及線上新聞中心。

對於社會大眾與記者而言，遭遇某一組織發生重要危機事件時，會上該組織網站查詢資料。尤其是記者，對於新聞事件的後續報導是職業本能，即便所報導的新聞已經刊登，還是會持續追蹤，仍會進入組織網站查看是否有最新的聲明與資訊。因此，力求網站資訊正確無誤，並提供可即時回應的服務電話，讓使用者感受掌握最新狀況，有助於扭轉或消弭危機事件所造成的不利形象。

此外，組織網站在危機事件期間透過電子郵件所接獲的詢問，應該認真地針對問題予以答覆，對於無理的謾罵或攻擊郵件則可以刪除，而透過這些詢問內容，可以提供給組織有用的資訊，判斷出公眾認為最急迫的危機問題，調整危機管理策略，優先處理。

二、網路危機的監控

　　組織危機管理運作過程中，除了有應變計畫措施外，還應時時對網路進行監控。事前的網路監控是危機管理的預防工作，觀察公眾的反應，找出散布謠言或問題所在（表6-3），可幫助組織預測將發生的危機，避免危機的形成。事後的網路監控則是避免危機事件持續擴大，同時分析研判組織的網路危機管理運作是否獲得成效。可見網路監控工作的重要性，有助於降低危機事件危害。

　　網路普及後，新聞記者從網路上發掘新聞蔚為風潮，報紙、雜誌或電視新聞經常大幅報導網路上所流傳的訊息，以台灣的網路原生報「東森新聞報」為例，還特闢「網路追追追」專欄，調查網路上透過電子郵件或網站傳播的消息，從中發掘值得深入追蹤報導的新聞。這種情況對於組織而言，也是一種無形的監督與威脅，若事件傳聞為真，必須加以澄清說明，以免反感擴大；若是屬於不實指控，發現消息在網路上迅速流傳後，又坐視不管也未予以說明，久而久之將使民眾信以為真，造成組織負面形象，

表6-3　應予監控的網路潛在危機來源

- 新聞與企業網路
- 線上新聞、雜誌與貿易出版品
- 專業協會、特殊利益團體與政府機關
- 新聞討論區
- 網頁

資料來源：Coombs（1999；林文益、鄭安鳳譯，2003：35）。

嚴重時更將造成重大損失。

顯然，組織的輕視忽略有時反使網路負面傳言滋長，忘卻了網路雖具有無遠弗屆的傳播力量，但同樣也給予組織更好的回應與說明機會。對於組織來說，監控網路資訊應是危機處理策略中重要的一環，對於擁有群體力量的討論群組，以及面對以愚弄欺騙為職志、傳播仇恨、與反應意見的「造反網站」（anti-sites）（Haig, 2000: 136），都應有一套妥善的因應之道。

監控討論群組不僅能鎖定在組織網站所設置的討論社群，更應透過搜尋工具，廣為尋找與組織相關的討論，瞭解有哪些討論群組經常探討與組織有關的問題。目前搜尋工具程式的研發，已經可以依網站、網頁、圖片、新聞、網上論壇分類找尋，搜尋上並不困難。尤其是當危機發生時，組織更應該增加其網路監控，注意有哪些討論群組談論和組織有關的危機事件，特別注意那些已經到處流傳的錯誤謠言。

組織進行討論群組監控時，最常採行的方法，就是指派專人加入討論溝通，以網路公關運作方式，適時提供正確資訊，選擇以電子郵件回信給對組織有誤解、或是有善意的發言者進行溝通。不過，當危機事件爆發時，少數的人力監控將變成無用武之地，如果透過組織忠誠的員工，在危急時刻投入監控的網路公關運作，將是組織在網路社群上最有力的宣傳部隊，此時組織應該給予員工們針對於外界疑問的統一答覆內容，同時提醒員工對於超出回答範圍的問題，亦即須由公司發言人層級才能代表公司說明的問題，不要任意代表組織發表意見。

三、造反網站的因應之道

至於專門和組織對抗的造反網站，常常散播對於某一組織的

仇恨意識，冒用該組織名義，或是聲稱來自組織內部的權威可靠消息，散布組織不實謠言，甚至採取攻擊手段侵犯，例如，針對組織某一議題成立意見網站或討論群組，一方面號召網友加入討論或採取抵制，另一方面企圖引起其他媒體注意報導，意圖影響組織的形象；另外，也曾有知名連鎖速食店在網路上的折價券遭到偽造散發，讓不知情的民眾下載消費造成困擾，以愚弄欺騙該組織為樂。

對於這類網站，許多組織多半不予理會，甚至視而不見，反而讓這些網站欲罷不能，認為獲得成效。組織處理這類網站應該採取軟硬兼施、雙管齊下的方式，持續監控這些網站並蒐集資料，瞭解對方真正意圖，甚至直接與其溝通，但必要時仍應採取法律行動。同時，設法在各類搜尋引擎上，讓組織的官方網站容易被找到；甚至可動員成立支持組織的非官方網站，網站的立場偏向支持組織，明顯地與反對的網站對立，讓一般民眾認為是多元意見分歧，對於同一組織或同一問題有不同看法，此時組織可適時地加以澄清說明，降低造反網站所造成的衝擊。

第六章　網路危機管理

第七章
網路公關的倫理規範

網路普及後改變了人們工作與學習的場所和方式，除了提供正面的傳播資訊效益外，也引發部分負面爭議，諸如網路謠言、網路駭客入侵系統的脫序行為時有所聞。網路也和其他媒體般，出現了理性批判反省聲音，呼籲使用者重視資訊科技所引發的倫理和道德議題。

　　倫理與道德規範一直是公關從業人員必須面對的挑戰與難題，原因是進行公關運作時，是非、公平、正義與否常在一念之間。尤其網路公關運作時，為達到溝通與傳播效益，公關人員會透過電子郵件、討論群組及網站等溝通工具，採取如線上登錄個人基本資料之策略，或為評估效益進行的網路監控機制，都可能涉及侵犯隱私權、違反智慧財產權，甚至有散布不實內容之虞。或許有些公關人員會認為，這是網路公關的一種溝通策略；但從公關定義中強調雙向溝通、大眾利益、社會責任、善意的關係等理念出發，則顯然有所出入。

　　網路公關雖是現代公共關係的新思維，仍應以公關基本原則為磐石，以公關道德準則為約束並遵守網路倫理規範。因此本章討論重點在網路公關面臨的倫理議題，第一節先概述媒體倫理觀點，並就公關人員的道德規範進行剖析；第二節則探討網路倫理議題；繼之，第三節則闡述網路公關倫理規範。對公關人員而言，思考這些問題並非凸顯公關作為與網路倫理的兩難，而是試圖使之相輔相成。

第一節　公關人員的道德規範

　　公關人員的道德規範可從媒體倫理、公關人員經常接觸的倫理問題、公關人員道德規範分析，茲分別敘述如下：

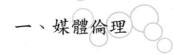

一、媒體倫理

　　談到媒體倫理，多數人可能會馬上聯想到新聞倫理問題，因為偏見、操縱媒體、侵犯隱私等問題，凸顯了討論媒體倫理義務與權利問題的重要性，要求客觀、公正與合乎道德的新聞工作，已成為人們對媒體批判反省後的合理要求（張培倫、鄭佳瑜譯，2002：11-16）。唯有透過理性的批判反省，才能從責任與義務的角度，區隔出媒體哪些作為，屬於侵犯他人權利或是不道德的範圍，進而合理要求媒體應善盡符合社會公益的責任。

(一)媒體倫理的主要議題

1. 媒體公正性：通常媒體倫理中所關切的客觀性、隱私權、性與暴力犯罪等問題，主要聚焦於媒體是否為公共利益服務；尤其對單一事件的報導，其詮釋、評價是否客觀，並以增進社會公益的立場出發，更是媒體不容忽視的道德責任。就以隱私權為例，當媒體侵犯隱私權時，常以大眾感興趣為理由，宣稱是從公共利益角度出發，而將侵犯行為予以合理化；事實上，公共利益與社會大眾感興趣的事物之間，還是存在明顯的區隔。至於媒體呈現的性與暴力犯罪內容，並非不道德，卻因過分主張人類具有知的權力，而毫無節制的濫用。

2. 欺騙與偽善：探討媒體倫理還有一項議題，那就是欺騙的問題。最常見的欺騙就是偽善，哲學家基朗（Kieran, 1998）指出，偽善的典型是：「某人聲稱基於高貴且公開宣布從事某種作為的動機，但事實上其動機不但毫不光明正大，

155

第七章　網路公關的倫理規範

同時更被掩飾而不為人知」（張培倫、鄭佳瑜譯，2002：54）。也因此，人們很容易就能從某些蛛絲馬跡揭穿偽善的面目。最常見者莫過於媒體打著公眾知的權利，拼命挖掘公眾人物隱私，或者挑剔其人格上的優缺點；但實際上背後卻可能另有政治立場的考量。換言之，從媒體倫理的角度可發現，有些媒體雖打著揭穿偽善名號，卻難以掩飾其本身偽善的行徑。

3. 隱私權：隱私權與公共利益的爭辯，是探討媒體倫理時最難以取捨的問題；因為新聞工作職責之一在於揭發社會中的弊案、醜聞、詐欺等行為，故也常游走於侵犯人權隱私邊緣。阿卡德（Archard）認為，隱私權意指不讓私人資訊暴露在公共空間或不被揭露，而私人資訊指的是個人不想為外界知悉或公開化的一些事實；而媒體侵犯個人隱私的典型方式，是鉅細靡遺地刊載一些屬於個人私密性質的資料。因此若非得讓私人事務曝光不可，必須要指出這種破壞個人隱私的行為是為了一項有價值的目的，且更須證明只有破壞個人隱私這種行為才有可能達成該目的（張培倫、鄭佳瑜譯，2002：122-124）。

從道德標準來看，為有價值的目的（通常均指向公共利益）而讓私人事務曝光，其實具備相當的條件門檻。不過就現實情況看來，新聞記者揭露公眾人物隱私時，絕大部分都有充分說詞合理化其行為，尤其滿足大眾知的權利或為了公共利益，更成其護身符。但被揭發感情世界是「雙人枕頭」、或有特殊癖好的政治人物卻認為，揭露這些事件不僅和公共利益無關，且聲稱這是政治鬥爭手段下的產物，新聞記者只是遭到誤導、利用。因此，討論隱私權問題時，要思考的問題除了公眾人物到底有沒有隱私權外，更重要

的是，在公共利益前提下就能損及個人隱私權嗎？從人情趣味的角度，社會大眾想要知道公眾人物私生活，在媒體報導上當然有其市場價值；若以揭發不法弊端爲出發點，介入公眾人物隱私更有其必要性。但模糊地帶正在於公與私如何劃界，有時媒體窮追猛打，卻只發現公眾人物都有人性無法免除的一面；但若未損及社會公益，實無必要盡皆公開於大眾。如前法國總統密特朗（Francois Mitterrand）在位十四年（1981-1995），不僅帶動歐洲經濟共同體邁向開端，更與世仇德國尋求國際合作而成爲當代偉大領袖，但1994年法國《巴黎競賽畫報》率先披露總統婚外情，卻未見法國人民對其施政表示不信任或引發軒然大波；足見名人八卦雖有趣，卻未必是閱聽大眾想要消費的題材。

(二)媒體倫理相關議題

事實上，媒體倫理除了討論新聞倫理，還包括廣告倫理、公關倫理等議題。網路公關從業人員，不僅要瞭解媒體主要議題，更應該熟悉其相關議題。尤其現代公關發展歷史過程，與新聞業有密切關聯；因此掌握媒體倫理可在實務工作時，提升對於網路公關倫理和道德敏感度，從而知悉媒體倫理中有關偏見、操縱媒體、隱私權等問題的重要性，甚至將之當成工作項目中的基本要件。

二、公關人員經常接觸的倫理問題

組織要達到與公眾建立友好關係的目標，必須透過公開的溝通策略與傳播管道，所傳遞的不僅是資訊內容，訊息還具備一定程度的說服效果。這和新聞記者只強調扮演訊息傳播者，以及廣

告從業人員爲商品行銷著重說服效果的角色相較之下，公關人員得同時具備這兩種能力，因此，影響領域更爲廣泛，所面臨的倫理問題也須受到更多關注。

公關的倫理問題，主要是從業人員角色扮演模糊，受人批評之處乃是公關人員變成宣傳人員，運用公關手段歪曲事實眞相轉移公眾注意力、操縱媒體模糊事件焦點（蔡文美等譯，2000：209-210）。孫秀蕙（1997b）指出，一般而言，廣告與公關人員會在四個領域碰觸到與倫理規範相牴觸的難題：一是客戶（或廣告公司）利益與公共利益相衝突；二是客戶（或企業組織）對於廣告或公關人員的要求有違倫理規範；三是廣告或公關人員違反既定的專業規範；四是廣告或公關工作性質違背了個人價值觀（圖7-1）。

舉例來說，公關人員清楚知道抽菸與喝酒過量均對人體有害，以及身體健康問題應該尋求專業的醫療諮詢，但若面對這些菸酒商與販售減肥藥等聲稱有神奇療效的業者委託，該如何在組織或個人利益與公共利益間拿捏平衡點？究竟是眞正爲大眾提升

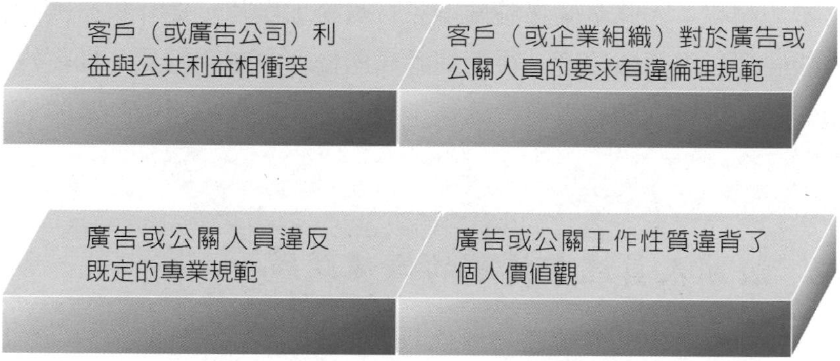

圖7-1 廣告與公關人員與倫理規範牴觸的四個領域

資料來源：孫秀蕙（1997b）。

生活與健康品質著想，亦或是淪為業者促銷產品的幫兇？這是公
關人員難以躲避的問題。

　　從倫理的角度，公關人員都希望為公眾提供詳盡資訊服務，
不過真相與為保護組織利益而故意掩飾的事實之間，往往有所矛
盾。再者，公關人員透過遊說手段為特定少數人爭取利益，或發
布新聞稿進行宣傳，誠有其目的性，但在組織和其目標公眾利益
衝突時，公關人員若無法取得雙方平衡點，除工作能力遭受否
定，忠誠度亦倍受質疑。然而，這亦是倫理與專業的衝突所在；
對此則必須進一步來看公關人員的道德規範。

三、公關人員道德規範

　　在專業規範與個人價值觀方面，公關人員對於倫理道德問
題，並非無所適從，因各國公關組織早已將公共關係職業道德予
以系統化、制度化，有正式規範且受到學界和業界的重視，例
如，早於1925年由國際公關協會全體大會通過的「國際公共關係
道德準則」，同時期出現也深具影響力的「英國公共關係協會行為
準則」，以及1954年經由美國公關協會正式通過的「美國公共關係
協會職業標準準則」，內容中均對於從業人員職業的尊重與個人尊
嚴維護、公眾利益、資訊交流、誠實性等，分別強調責任、忠誠
的重要性。而上述三項準則，雖歷經時代與社會變遷而陸續有所
修正，但仍維持其原則上的一致性。

　　由此可見，公關人員既須對組織負責，也得對公眾負責。當
公關人員面對倫理問題，該如何處理？鄭貞銘（1999：152-153）
指出，公關不是一種買空賣空的行為，其目的是促進溝通、加強
彼此瞭解，以及認識彼此的需要，因此公關人員應遵守的基本原
則是：

第七章　網路公關的倫理規範

(一)先有事實、後有公關：即公共關係中的傳播和宣傳，不能超脫出有關社會事實或訊息。

(二)全面客觀、掌握事實：指公共關係人員在調查、瞭解事實時，不帶偏見與預設立場。

(三)實事求是、傳播訊息：公共關係活動的主要工作是傳播訊息，訊息傳播工作本身不難，難的是如何實事求是，不誇大、不渲染。

(四)調和組織與公眾利益：公共關係既須對組織負責，也要對公眾負責。

這四項道德規範看似淺顯，要實際貫徹執行卻大不容易。以先有事實，後有公關的原則為例，假使組織必須付出龐大代價才能維護公共利益，公關人員此時勢將陷入天人交戰；若維護公眾利益將導致組織損失，甚至影響自己工作保障，反之，捨棄公眾利益又有道德上的煎熬，如何在兩者之間取得平衡點，問題又回歸給公關人員自己思考。

第二節　網路倫理

網路帶給社會大眾資訊傳遞與接收的重大改變，虛擬社群成為真實的網路使用者所建構之社會聯繫；然而在網路社群發揮與真實社會相同力量之時，卻也展現網路侵權或謠言傳布等違反倫理議題，從軟體違法盜版、散布電腦病毒、涉及隱私權的監控與侵犯、破壞或竊取資料的駭客行徑，已成為網路世界既存的現象。

一、網路倫理主要議題

　　網路倫理（ethics of Internet）所探討議題，主要是從資訊科技發展基本倫理議題之衍生或強化；而各種倫理議題中，較為顯著且重要的分別為隱私權（privacy）、資訊精確性（accuracy）、財產權（property）和資訊擷取或接近（accessibility）等四項（表7-1）（戚國雄，1998）。

　　這四項也是一般性的網路倫理問題。在隱私權方面，安全性不足的網站遭入侵使個人資料外流；而資訊精確性，最常見的就是以訛傳訛的網路謠言透過電子郵件廣泛傳布；至於財產權方面，則是由來已久的智慧財產權保護問題；資訊擷取或接近方面，則指進入網路需要有電腦等設備，形成了經濟上的限制門檻。不過除了這四項問題外，網路倫理還包括網路色情；因為要在網路上做到分級實在不易，目前雖已陸續有分級封鎖軟體出現，但因網網相連，要做到完全封鎖仍有困難。

表7-1　網路倫理四項議題

議題名稱	問題
隱私權	網站安全性不足，個人資料外流。
資訊精確性	網路謠言以訛傳訛，透過電子郵件廣泛傳布。
財產權	智慧財產權缺乏保護。
資訊擷取或接近	使用網路有經濟上的門檻限制。

資料來源：戚國雄（1998）。

二、網路倫理專業規範

　　爲了防止網路侵權等脫序事件頻繁發生，形成嚴重社會問題，近年來從校園到社會各界，均積極推動網路專業倫理、使用者行爲規範，建立優質的網路文化。以校園網路爲例，主要側重於網路服務提供者專業倫理、網路服務使用者行爲規範、與網路文化等三方面（王智弘、楊淳斐，2001）：

(一) 網路服務提供者專業倫理方面：主要爲網路服務提供者專業資格不足，缺乏足夠的專業訓練背景與在職訓練；網路服務提供者缺乏專業倫理概念，侵犯網路服務使用者隱私權，或未善盡爲網路服務使用者保密責任；網路服務提供者不合專業倫理的行爲，因程式設計的失誤或軟硬體的使用不當而造成資料的錯誤或遺失；網路服務提供者涉及電腦犯罪、侵入他人電腦、或侵犯智慧財產權與著作權而觸犯法律的行爲。

(二) 網路服務使用者行爲規範方面：主要爲以此獲利的商業行爲、傳送不當資訊發布流言、攻訐與傷害他人、疏忽或無知侵犯智慧財產權、電腦犯罪行爲，缺乏網路禮儀，以及違犯使用規定等問題。

(三) 網路文化方面：校園網路經常發生的問題包括網路反社會行爲與網路犯罪問題、網路情愛與網路色情問題、網路上癮問題、去社會化行爲的網路退回問題，以及網路弱勢問題。

　　舉校園網路倫理議題供公關人員參考，用意在於校園學術網路是國內電腦網路的關鍵角色，同時校園最常使用的電子郵件、

BBS及網站或個人網頁等主要網路工具，這也是公關人員運用網路公關時重要的溝通工具，參考校園所研擬制訂網路倫理守則，有助於瞭解所執行的作爲是否符合網路倫理規範。

在電子郵件方面，由於簡便、迅速是電子郵件成爲網路主要聯絡工具的最大特色，卻也因爲幾乎不受限制而成爲散布謠言的溫床，因此使用電子郵件系統所要求的注意事項有：

(一)不散發不實內容。

(二)不散布他人八卦訊息。

(三)不散布或轉寄垃圾郵件。

(四)不轉寄內容未經查證的電子郵件。

(五)不散布違反善良風俗等不適當的內容。

(六)不冒用他人名義寄出信件。

在BBS方面，雖然使用者均須先登錄個人資料，才有發言和張貼文章權限，而各討論區也會要求發表意見者文責自負或自律，但仍可能因爲註冊審核機制漏洞，使部分使用者在BBS系統的發言和張貼內容逾越倫理規範，甚至觸犯法律。因此，在BBS系統所要求的注意事項有：

(一)不張貼不實內容。

(二)不張貼未經查證的內容。

(三)不進行商業與廣告行爲。

(四)不冒用他人名義張貼訊息。

(五)不誹謗及妨害他人名譽。

(六)以客觀立場表達意見。

(七)不以人身攻訐爲訴求。

簡言之，使用BBS時應該尊重他人；對於自己發言與所張貼

第七章 網路公關的倫理規範

文章，一旦產生任何法律問題就得由自己負起全責；而對於網路另一端的使用者，亦應有最起碼的禮貌。

在網站或個人網頁方面，因為設置目的主要是供使用者資料查詢與蒐集，因此，在建置上的注意事項有：

(一)以放置個人編寫設計、創作的內容為原則。

(二)避免侵犯他人智慧財產權。

(三)不放置不適當與不雅觀的內容。

(四)若有引用資料與圖片，應取得原作者同意或註明引用出處。

三、網路禮節

網路上不僅鼓吹遵守倫理規範，也呼籲學習網路禮節；國內外不少網站專門討論該議題，主要著重在不利用網路進行欺騙、傷害他人等作為，而應合適地利用網路，創造利人利己的工作。舉網路上談及的網路禮節為例：

(一) 在管理電子郵件方面

每天閱讀新收到郵件，刪除不要的信件節省磁碟空間、不欲人知的事不要存在電腦檔案中或在網路上傳送。

(二) 在使用電子郵件通訊或討論群組方面

包括長話短說、尊重智慧財產權、註明所有引述與參考資料來源、未經允許不可將私人信函轉送張貼、小心使用語氣避免被認為是嘲諷、不隨便從網路下載或開啟程式檔案。

由於網路的跨國界與無限連結，加上虛擬性質，使得網路公

關從業人員不僅須對網路傳播技術功能熟悉，對於嚴肅的網路倫理話題，亦要有相當程度的掌握。尤其應熟悉著作權、隱私權、網路安全、網路色情等不容忽視的問題，遵守網路上應有的禮節，在運用網路進行公關工作時，才能不斷自我要求與提升。

第三節　網路公關倫理規範

網路公關倫理規範可說是媒體倫理和網路倫理的結合，公關人員一方面要遵守公關道德規範約束，另一方面也須遵照網路倫理的作法，因網路本身具備媒體屬性，公關倫理和網路倫理之間雖無衝突，但網路公關受網路技術特性影響甚大，公關人員仍應就使用者所扮演角色差異，從中取得平衡點。

公關從業人員進行網路公關時，線上空間是與公眾溝通對話的場域，容易產生網路公關倫理問題。因此，探討網路公關倫理問題時，可從傳播內容與溝通工具兩方面切入。

一、傳播內容倫理

在傳播內容方面，一般媒體倫理與網路上所須注意的大致相同，主要是著作權、散布權問題。不過著作權在網路上更為重要，尤其電腦與網路數位技術的複製、重組等功能，使得擷取他人作品更輕易、快速，往往在於彈指之間就可能違反倫理規範。散布權則是公關人員應該小心謹慎的傳播能力；組織可能因散布權遭到誤用、濫用而受害，影響到形象與發展，而公關人員也常有機會運用散布權，如發布新聞稿或透過電子郵件散發資訊；只要拿捏不慎，資訊一經傳送出，就再也無法回收。

二、溝通工具倫理

在溝通工具方面，電子郵件如同正式信函，網站則如同組織門面；故必須注意著作權、網路安全與基本禮儀等問題。其次，在網路上的討論群組論壇，則須留意避免因網路匿名性保護，而在高談闊論之餘逾越倫理甚至法律界線。另外，進行網路監控與網路公關效果評估時，則有機會接觸網路使用者或加入網站會員的個人基本資料，及其網路使用特性等隱私資料，對此則須遵守職業道德並避免將資料隨意流出或公開。

因此，公關人員想要運用網路達成公關目標，在電子郵件、網站與討論群組等溝通工具上，應該比一般使用者更重視網路倫理與網路禮節相關規範，對於網路上出現對組織所提出的意見或批評，應以謙卑態度聆聽，瞭解問題焦點所在，進而適度溝通表達。另外對於網路上匿名意見及其產生效應，有時需要採取寬容與忍耐態度，這雖然是網路對話的一種限制，不過，與其大費周章反擊、防堵，有時以寬容、忍耐，甚至勇於承認和道歉，爭取更多時間充分回應與解釋，反而能更獲得廣大網路使用者的認同。

因此，從事網路公關的從業人員在道德規範上，應有更高的要求標準，避免因一時偏差，造成個人與組織信譽形象的損害。企業組織對於網路公關倫理，更應擬定一套基本規範，內容包括提升員工的專業知能、倫理意識，並對於網站資料分級設限，俾始能接觸較高級資料的員工能受到相關契約約束。

第八章
網路公關案例

雖然目前網路使用已相當蓬勃，周邊功能也日益開發完善，但能真正活用網路公關者仍屬有限；不過可喜的是，晚近已有越來越多的組織開始嘗試利用新科技於公關操作過程。故本章分別舉出三個網路公關活動案例，以及企業和政府組織網站，進行網路公關運作的個案研討。

第一節　網路公關活動個案

　　本節所要探討的網路公關活動個案，包括飛利浦公司的「科技大亨」、Yahoo!奇摩的「誰讓名模安妮未婚懷孕」，以及世新大學的「世新巡禮」。

個案一：飛利浦科技大亨

(一) 個案內容

1. 背景說明

　　荷蘭皇家飛利浦電子公司是歐洲最大，全球名列前茅的電子公司之一；現有十六萬五千六百位員工分布於全球六十多個國家，活躍於照明、消費性電子、小家電、半導體及醫療系統等各個領域。而台灣飛利浦更早在1966年於高雄加工出口區成立，是目前台灣最重要的外資企業之一，2003年營業額達新台幣九百九十六億元。然而公司歷史悠久，也讓消費者難以完全認識其品牌形象，因此「科技大亨」活動，旨在建立飛利浦與時俱進的「創新」和「高科技」形象，並讓年輕族群對飛利浦有所認識和提高喜好度。

2. 活動目標

    (1) 對飛利浦產品：介紹飛利浦包羅萬象的產品，以增加銷售機會。

    (2) 對飛利浦品牌：創造年輕族群接觸飛利浦品牌的機會。

    (3) 對飛利浦喜好度與形象：

        A.傳遞飛利浦「創新」、「高科技」的品牌印象。

        B.增加年輕族群對飛利浦品牌的喜好度。

3. 活動內容

    從2003年7月底開始，飛利浦公司在蕃薯藤入口網站架設免費的網路遊戲「科技大亨」（圖8-1），在這個為期七週的線上遊戲中，民眾於網路登錄「飛利浦科技大亨」線上遊戲比賽後，成為

圖8-1　飛利浦線上遊戲等你來當CEO

圖片摘錄：「飛利浦科技大亨」遊戲網站
（http://philips.yam.com）。

第八章　網路公關案例

圖8-2　飛利浦線上遊戲「科技大亨」遊戲網站

圖片摘錄：「飛利浦科技大亨」遊戲網站
　　　　　（http://philips.yam.com）。

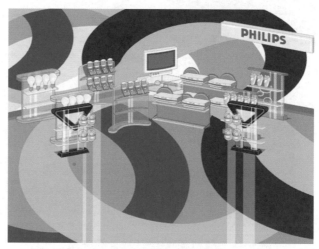

圖8-3　飛利浦線上遊戲「布置自己的店面」

圖片摘錄：「飛利浦科技大亨」遊戲網站
　　　　　（http://philips.yam.com）。

網路公關──理論與實務

一名虛擬的專賣店店長（圖8-2），網友必須從基層的行銷做起，先認識飛利浦的產品、特色與價格，不僅要學習進貨、銷貨，還有商品選擇、店面陳列等（圖8-3），以個人的努力，從電器行店長、區經理、分公司總經理一路晉升爭取成為總裁的資格。而要成為一日總裁的升遷條件，除包括店面數目和業績外，還要考慮市場操作、營運計畫等其他層面，甚至還要考量倉儲管理、建立加盟體系等能力（圖8-4）。最後對於擠進前二十名的玩家舉行筆試與口試，選出對該公司有深入想法與見解者，實際體驗跨國企業總裁的滋味。

遊戲設計中，提供了經營科技產品專賣店的相關資訊，在登錄進入遊戲成為店長後，每個玩家都有一些總公司分發的小筆資金，讓玩家能夠開一家店商和有基本的進貨量，並需要創造業績，瞭解市場消費習慣。而現實世界中發生大地震或是重大的火災等事件，也會直接反應在遊戲世界中，考驗著參與者的機智。

玩家們也可以選擇把自己的照片放在「店裡」，以增加和其他網友認識的機會。整個遊戲的過程中，網友們既能享受與人互動

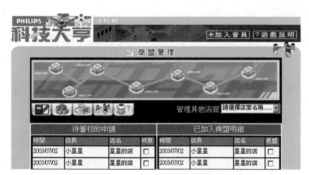

圖8-4　飛利浦線上遊戲「建立自己的加盟體系」

圖片摘錄：「飛利浦科技大亨」遊戲網站
（http://philips.yam.com）。

圖8-5　世新大學大三學生李宜芳飛利浦線上遊戲
　　　　稱霸，擔任「一日總裁」

的樂趣，也能自然而然地瞭解飛利浦各項產品與科技成就。例
如，「科技大亨」就把飛利浦一項名為「神燈」的顯示器技術，
巧妙地穿插在遊戲之中。玩家必須在「黑暗魔王」籠罩的大地上
尋找「神燈」，才能「拯救世界」──也就是，讓自己的電腦顯示
器界面重新亮起來（黃牧慈，2003）。

　　「飛利浦科技大亨」線上策略遊戲最後的贏家，可以到台灣飛
利浦扮演「一日總裁」。從線上遊戲脫穎而出的是世新大學資訊管
理系大三學生李宜芳，成為飛利浦企業百年來「首位女總裁」，雖
是在虛擬遊戲中稱霸，卻有機會獲得獎勵，擔任台灣飛利浦公司
實際的「一日總裁」（圖8-5），親身體驗聽取該公司各產品負責人
簡報、給予經營意見、召開記者會等密集總裁行程，體驗上億資
金決策、銷售的科技大亨滋味。

(二)評估

　　這個針對年輕族群的行銷活動，吸引二萬多人上網註冊當店長，網頁瀏覽人次也高達三千四百多萬，徹底顛覆飛利浦的企業形象。根據飛利浦活動之後的調查顯示，高達84%的玩家認為，「科技大亨」的遊戲有助於讓他們進一步認識飛利浦這個品牌。行銷團隊的效益評估更發現，玩家對於遊戲的滿意度和對品牌的喜好度，確實呈現高度的正相關。更令他們欣喜的是，每個玩家的平均瀏覽頁數高達一千五百五十六頁。「假設一頁只看十秒，那麼每個人就花了四‧三小時在『閱讀』飛利浦！」。

　　後續的效應還不止於此。李宜芳在「總裁上任」的當天，從下榻的五星級飯店到總裁室，一路吸引了媒體爭相採訪報導。同時，由台灣飛利浦主動發想的「科技大亨」遊戲，也引起中國飛利浦分公司的興趣。台灣已經把這項遊戲的版權賣到對岸，明年更考慮來個兩岸大對決（黃牧慈，2003）！

(三)分析

　　飛利浦以時下最流行的「娛樂行銷」概念，將品牌行銷與年經族群的玩樂取向相結合，不但運用創新與驅動流行的活動策略，同時使用年輕族群最熟悉的語言——遊戲，將飛利浦的品牌精神及產品訊息巧妙地傳遞給十六至二十二歲的年經目標消費群。除了這項實質效益外，該活動對傳播媒體的影響是成為2003年第三屆「eMarketer：e時代行銷王」、最具e時代精神的企業行銷成功案例入圍的第一名；而該項榮譽是由《e天下雜誌》主辦、專業評審與網友票選而來（黃牧慈，2003；台灣飛利浦公司新聞中心新聞稿，2003.07.24）。

　　「科技大亨」線上遊戲並非以廣告行銷方式，是以網路公關的

手法，與年輕族群，尤其習慣使用網路的年輕新生代接觸，透過遊戲互動，傳達該公司經營方式與理念，對參與者傳達飛利浦不只販售以往眾所皆知的電燈泡和刮鬍刀等小家電而已，透過遊戲充分瞭解該公司的所有產品，調整目標公眾對於該組織品牌上認知的前後差異。

再者，此一線上遊戲活動中，還設置玩家留言版的社群討論區，鼓勵玩家發動朋友上網瀏覽店面或是留言。這具有三方面的功能：首先是成為宣傳管道，吸引了更多人上網參觀或參與；其次為提供玩家們意見交流的管道；再者也成為組織公關人員瞭解玩家們對於這項線上活動的參與度，並同時獲取對於該公司的相關意見。而玩家留言版的確達到了意見交流與資訊提供的雙重目的，入選一日總裁的李宜芳於接受記者訪問時就不諱言地指出，她因為平日喜愛上網而知悉這項活動，致勝的方式則是多看玩家留言版、吸取其他玩家的經營秘訣與產品組合方式。

從「科技大亨」活動中可發現，網路上的虛擬情境，事實上就是該公司真實世界的行銷運作，鎖定年輕族群的目標公眾，將企業形象與線上遊戲相結合。從遊戲中，讓參與的網路使用者願意花時間瀏覽、閱讀及瞭解該公司特色與產品特性，同時也將品牌概念與年輕族群的玩樂取向結合，形塑該公司在網友心目中的新形象，並讓參與的目標公眾改變對於網路公關與行銷活動的觀感。

真實世界中，飛利浦公司當然也可以透過傳統公關方式舉辦「科技大亨」活動，提供相關資訊給所有目標公眾，但能在短期間吸引人氣，乃是網路虛擬的線上遊戲媒介誘因。試想，將同樣資訊內容與二萬多人參與規模在現實環境中進行，一定會有所限制，但是搬移至網路媒介進行，其媒介化的經驗，才是真正吸引使用者參與的主要誘因。

網路公關──理論與實務

個案二：Yahoo!奇摩「誰讓名模安妮未婚懷孕」

(一)個案內容

1. 背景說明

　　搜尋引擎「雅虎」（Yahoo!）是楊致遠及David Filo於1995年3月共同成立，隔年4月並在美國宣布上市；2000年11月9日，雅虎以46.8億新台幣購併台灣Kimo。至今，「Yahoo!奇摩」在台灣市場占有率高達九成，勇奪「台灣最受網友歡迎之網際網路領導品牌」；去年底（2004年），Yahoo!奇摩推出「誰讓名模安妮未婚懷孕」整合行銷活動（圖8-6），引起相當矚目。Yahoo!奇摩先利用電視廣告散播消息進行宣傳工作，吸引目標族群上網，加入福爾摩斯式的猜謎遊戲，不斷關心「安妮事件」的進展，同時也讓參與者在偵探遊戲中，體驗該網站新的搜尋新功能。

圖8-6　「誰讓名模安妮未婚懷孕」以推理故事為腳
　　　　本，請網友當偵探

圖片摘錄：「Yahoo!奇摩」網站。

2. 活動目標

(1) 讓網友喜歡Yahoo!奇摩這個搜尋引擎：2004年初Yahoo!奇摩推出自己的搜尋技術，正式跨足網路搜尋市場後，推廣新搜尋引擎技術，就成為年度重要工作目標。

(2) 養成使用習慣：「使用頻率」與「習慣養成」之間有正相關，活動的目的是要讓消費者先習慣使用「Yahoo!奇摩」的搜尋引擎介面（卜繁裕，2005）。

3. 活動內容

為了增加網友使用「Yahoo!奇摩」搜尋引擎，在2004年Yahoo!奇摩推出「誰讓名模安妮未婚懷孕」的廣告，以推理故事為腳本，請網友當偵探，在四週的時間內使用「Yahoo!奇摩」搜尋引擎尋找線索、拼湊答案，答對者即可參加抽獎（圖8-7）。

Yahoo!奇摩首先在報紙等媒體發動一個「誰讓安妮懷孕？」的懸疑式互動廣告，上線後，共分四週，每週公布一個遊戲場景與搜尋二十五個問題，讓網友扮演偵探，找出驚傳未婚懷孕的名

圖8-7　網友自「Yahoo!奇摩」搜尋引擎尋找線索

圖片摘錄：「Yahoo!奇摩」網站。

模安妮，到底肚中孩子的父親是虛擬人物日本男模特兒羽賀一郎、富商林雙全、經紀人張立，還是婦產科醫生李曉龍，最後答案揭曉是受人委託辦案大偵探的孩子。活動一上線，第一週只經由網路傳播，就累積近二十萬的瀏覽人次，再經過懸疑式的電視廣告操作，令觀衆印象深刻。許多人心裡雖然清楚這是另類廣告，但一時之間，究竟是安妮的青梅竹馬好友或是另有白馬王子讓她未婚懷孕，也成爲不少人茶餘飯後笑談的話題（林曉娟，2004）。

而藉由互動式偵探遊戲，也引導網友重新認識奇摩的搜尋功能。在活動進行中，全部共有一百題關鍵搜查重點，分成四週各二十五題公布，一百個不同主題的提示與線索，都可藉由網站最新的搜尋引擎，輸入所要尋找線索的關鍵字組合，就能搜尋到破解的謎題「誰才是安妮孩子的父親？」，透過活動設計，讓網友見識到該網站搜尋引擎的便利之處。

(二)評估

這項推理活動從11月4日到12月2日之間，總共吸引約一百七十七萬人次上網瀏覽，註冊參與推理遊戲的網友有十三萬四千九百二十三人，推理正確的人數則爲三萬多人。活動中另闢線索討論區，結果顯示這項活動不但瀏覽人次破百萬，安妮懷孕也成爲網路的熱門話題；線索討論區有高達近七千篇的網友留言討論（圖8-8）。顯然，活動效果不僅透過網路公關活動，讓網友主動認識該搜尋服務所提供的多元資訊，網友的反映回饋更呈現在討論區之中，讓原本很單純、乏味的資料搜尋功能動作，透過這項活動竟變得新奇且有趣。

再者，這則廣告剛播出即造成廣大迴響；四個星期以來，瀏覽活動頁面的總人次近一百七十七萬，總註冊網友達十三萬四千

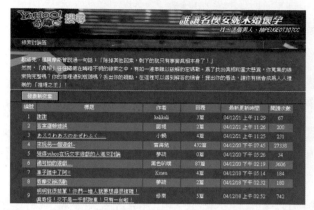

圖8-8　線索討論區有高達近七千篇的網友留言討論

圖片摘錄：「Yahoo!奇摩」網站。

人以上，討論區的留言篇數超過三萬六千篇，「Yahoo!奇摩」搜
尋次數爲一千二百萬次。

　　另外，來自媒體的評價也大多認爲這是一次成功的行銷手
法，結合了創意策略、媒體購買、網路行銷及公關議題的操作，
完整地表現出整合行銷的傳播手法。尤其是利用網路特性的議題
行銷與互動式行銷，在此一活動中展現其成效，企圖先透過有趣
的議題，滿足民眾的好奇心，接著讓民眾注意、感到有興趣，再
藉著產品及服務，滿足消費者的需求，進而產生消費行爲。印證
了傳統通路可以用的行銷手法，網路上一樣可以採用；同時網路
具有「無遠弗屆」的特性，擅用議題行銷，就能達到低成本、高
效率的效果；而互動行銷以吸引人的故事性事件，吸引目標市場
的潛在顧客參與互動，消費者一旦開始涉入，便會隨著事件的發
展繼續投以關心，成果則反映在網友參與遊戲的人數，以及參與
線上討論區的程度。

網路公關──理論與實務

(三) 分析

　　搜尋引擎是網路公關人員最佳調查工具，其功效顯現在網路公關活動事先與事後的成效評估工作中，協助公關人員擬定目標策略，或是監控與追蹤正在進行中的網路公關活動。也正因為搜尋引擎係幫助使用者在茫茫網海中，迅速找到所需資訊，所以使用經驗的回饋就顯得相當重要。這項線上遊戲活動，利用網路特性，在遊戲中親自體驗業者新推出的搜尋引擎功能，而業者也擅用自己的搜尋引擎資料庫，瞭解使用者的使用行為紀錄等，作為改進修正的依據，可說讓搜尋工具發揮它最大的作用。

　　換言之，對於Yahoo!奇摩來說，「安妮事件」廣告更有重塑其入口網站形象的重要公共關係功能，希望能將其「Yahoo!奇摩搜尋」重新定位，不只有搜尋功能，且已經陸續推出了圖片、新聞、商品、BBS等齊備的搜尋新功能，希望大眾對該入口網站除了傳統的搜尋功能印象外，還包括了娛樂、知識性、專業性等印象。成功地展露出運用出奇的創意，傳遞「Yahoo!奇摩搜尋」線上搜尋引擎的強大功能，更經由策略性的活動設計，成功地帶進了數以萬計的使用者體驗「Yahoo!奇摩搜尋」。

　　然而，若就網路公關的效果評估兼顧「質」與「量」等條件，在實施階段「資訊被傳播媒體所採用的數量」、「接收到資訊的目標公眾數量」、「注意到該資訊的公眾數量」等評估標準來看，活動皆可謂成功；不過若從影響階段重視「重複期望行為的公眾數量」增加，以及組織要與公眾維繫長久關係的計畫目標來衡量，其活動效益就顯得有限。網路廣告業者楊昱維（紀冠宇，2005）就表示：「這次活動只是花錢去推廣Yahoo!奇摩搜尋的使用量，製造懸疑話題，搞個八卦，操作讓人覺得連八卦這種東西都能去搜尋，顯示搜尋器的強大，並不算是個很成功的活動。」

179

再者，Yahoo!奇摩新聞稿說活動引進百萬「人次」的使用，但以Yahoo!奇摩每天有上千萬人次使用來說，這效果實在差強人意，表示受吸引的人實在不多。且以活動效益投資報酬率來說，計算電視廣告的播放頻率，一千五百萬是跑不掉，加上活動網站上的廣告等，這麼大量的廣告才吸引這些人次，根本是負成本。

故從此一層面觀之，Yahoo!奇摩砸大錢為其搜尋功能造勢行銷，得到的效益係表面風光，但實際上對於培養網友長久使用其搜尋服務的習慣養成，卻相對凸顯活動效益未如預期。

個案三：世新大學「世新巡禮」

(一)個案內容

1. 背景說明

　　世新大學之前身係1956年秋，著名報人成舍我先生本於「實施民主政治須先健全新聞事業；健全新聞事業須有足夠傳播專才」之體認，所創立的「世界新聞職業學校」；後於1991年奉教育部核准改制為「世界新聞傳播學院」，並因辦學績效卓著，深獲各界之肯定，於1997年8月起改名為「世新大學」。目前學生人數約一萬人，定位為「卓越教學型大學」，擁有新聞傳播學院、管理學院、人文社會學院及法學院四個學院，所屬二十三個系所，含二個博士班、二十個碩士班。不過受到晚近台灣教育環境改變，內受到大學院校量的驟增與國人生育率降低雙重影響；外則因2002年台灣加入WTO，高等教育將邁入全球化市場，如何在面對未來「僧少粥多」的情況下，持續招募國內優秀高中生而育之，乃是當務之急。

　　因此，世新大學自1994學年度起，開放校園辦理「世新巡禮──大學生換你做做看」活動，廣邀高中師生到校實地參訪（圖8-9、圖8-10），除了參訪校園、教學設施及認識各科系特色外，並依據學校教學課程特色安排一系列課程，同時透過世新大學學生的帶領，增進與大學生相處互動的機會，讓高中生親身體驗大學生的學習與生活。

2. 活動目標

　　讓高中生透過「世新巡禮」活動之交流，建立彼此間的良好互動，並認識世新大學及各學系的特色，以便能選擇適合性向與

圖8-9　世新巡禮──高中生參訪校園活動(一)

圖8-10　世新巡禮──高中生參訪校園活動(二)

網路公關──理論與實務

興趣的學系，增進到世新大學就學的意願。

3. 活動內容

　　世新巡禮活動方式在2004學年度之前，配合各高中的時間，設計二種活動方式，使各高中更有彈性地選擇活動型式，型式之一為「翠谷遊覽隊」，以參觀方式進行，每週一至週五（例假日除外），由有意參觀之高中學校，每校每次以八十名為限，自由選擇參觀日期與時間，遊覽學校整體設施。另一型式為「世新探險隊」，由各學系精心設計一系列課程，共分八梯次，每梯次每組名額為三十名，每校每梯次，每組以十五名為限。

　　2004學年度起，世新大學改變活動方式，於2005年3月9日至3月30日，每週三下午一點至四點半，分四個梯次，每梯次二百名。活動開始是「認識世新」，藉由世新大學學長姐精心企劃的活動，讓高中生更瞭解世新大學的科系及未來出路。接著是參觀校園，同時藉由一起參與精彩、活潑的遊戲，認識世新大學各項專業設施及社團活動。

　　這是世新大學所進行的實體公關活動之一，優點是運用現有資源，拓展核心專業能力，提供充分資訊、親身體驗與面對面溝通的機會，建立與目標公眾的友好關係與信任，而依志趣選課的方式，更是推動個人化服務的理念，也是一種經由定期宣傳來獲取信賴的公關活動。但缺點則是，每梯次受理的高中生人數有限，且安排上受制於時間和人力等限制。

　　因此，世新大學進一步規劃，將整個「世新巡禮」的公關活動，搬移到網路上舉辦（圖8-11），實體情境能進行的活動，均可一一轉化為虛擬環境中的活動。透過網路龐大空間，與頻寬可播放多媒體資訊和遠距教學的功能；將認識世新、學系介紹、選課旁聽及與在校生互動等實體活動，也規劃設計在虛擬空間中呈現，以線上虛擬方式，刺激學習，加深學習印象。有意願認識與

圖8-11　世新巡禮網站與世新大學入口網站連接

圖片摘錄：http://www.shu.edu.tw。

瞭解世新大學的高中生，隨時都能上網進入世新巡禮網頁，如同實地參訪般，一覽世新大學整體學校設施，透過遠距教學體驗上課情況，也可經由網路互動，解決各項疑難雜症。

(二) 評估

　　世新大學自1994學年度起，每年均舉辦「世新巡禮」活動，精心設計之志趣選組參訪方式，辦理以來受到全省數十所高中來訪學生的歡迎，每年均有千餘名的高中生參與，並對活動抱持高度的評價。2003學年度世新大學曾就參與活動之高中生進行問卷調查，僅就其中三個題目表列如下（表8-1），參與高中生絕大多數認為對未來選擇大學科系時有所幫助，且能更進一步瞭解所感興趣的科系，有些系所更高達100%，顯示世新大學辦理本活動，已達成所設定之幫助高中生選擇適合性向與興趣學系的目標；而

表8-1　世新大學針對參與「世紀巡禮」活動高中生問卷調查結果

	對您未來選擇大學科系時，是否有所幫助？		是否能讓您對所感興趣的科系，有更進一步瞭解？		未來填選志願時，是否會將世新列為優先考慮的學校？	
	非常/有幫助	無幫助/無意見	有	沒有	一定會/可能會	不會/不一定
公廣系	97	3	100	0	82	18
圖傳系	91	9	77	23	71	29
數媒系	92	8	90	10	70	30
觀光系	77	23	91	9	53	47
資管系	90	10	79	21	65	35
財金系	86	14	97	3	34	66
經濟系	95	5	100	0	31	69
行管系	90	10	95	5	57	43
社心系	87	13	92	8	65	35
中文系	100	0	100	0	86	14
日文系	86	14	95	5	70	30
法律系	93	7	100	0	86	14

在選填志願時，是否會將世新大學列為優先考慮的學校，則不同系所顯現相當的差距，傳播、文法學系有較高的意願，管理學系相對較低。

　　隨後在2003和2004學年度，更針對世新大一新生進行問卷調查，來瞭解高中生瀏覽大學校院網站動機，以及何種資訊建置最能滿足其需求；調查結果除了發現使用者有「隨興瀏覽」和「意圖導向」兩種不同族群，且「資訊蒐集」、「觀念溝通」及「舒緩壓力」是其上大學校院網站主要動機。再從兩群的資訊需求強度平均數來判斷，兩者皆認為考情及環境方面訊息與介紹最重要，其次依序為課程資訊、功能訊息、助學服務、生活須知及生涯輔導。因此新版網站對上述面向進行補強，並以更為活潑的互動遊

戲進行，再針對同一群受訪者進行測驗時，「環境介紹」、「助學服務」、「功能訊息」三方面的滿意度即有所提升。

(三)分析

　　高中生是世新大學的主要目標公眾，在網路普及的今日，藉此科技與高中生互動才能達到雙向溝通。世新大學特為高中生的使用者設計專屬分類資料與網頁，乃希望吸引此一目標族群能瞭解世新大學，進而願意選擇進入世新大學就讀。因此，在提供給高中生的「2005e遊世新」網頁資訊上（圖8-12），內容針對其需求規劃學校環境、各系所介紹，並建置互動遊戲與「答客問」討論區，與參訪的高中生進行互動交流。

　　從「世新巡禮」案例可發現，實體公關活動所設計舉辦的內容，網路上同樣可運作，且是在虛擬空間中進行一場完整的校園巡禮活動，網路公關活動儼然是另一公關場域，而非只是利用網路作為傳達這項活動資訊的管道，此外，網路不受時空及人力的

圖8-12 世新巡禮虛擬網站「2005e遊世新」

圖片摘錄：http://www.shu.edu.tw/2005/。

網路公關──理論與實務

限制，可提供大量高中生的參訪機會。對於使用者的影響而言，選擇運用上網進入世新巡禮網頁，亦即此一公關活動在網路上所呈現的形式，其影響力與感受，遠大於資訊的取擷，且透過網路虛擬互動的呈現所吸引的注意力，更超乎於活動內容的結構與組織。

這對於無法親身參與「世新巡禮」的高中生而言，無異可透過網路參加虛擬空間所舉辦的「世新巡禮」活動，也同時從使用者互動中建立彼此更深層的認知；尤其是透過線上學長姐的親身經驗交流，既能使高中生清楚瞭解問題癥結，也能同時提供學校公關的執行者藉此觀察目標對象所需。更擴大觀之，線上活動的舉辦係時時皆在進行，這不僅突破現實的空間和時間框限，也能彌補參與人數的限制。

第二節　組織網站個案

隨著網路快速發展與周邊附加價值不斷擴增下，有越來越多組織已擺脫將網路視為行銷媒體之一的舊思維，轉而將組織的網站視為組織資訊主要的供應中心，希望能成功營造與目標公眾的良好關係，且藉由網路互動功能，瞭解並掌握目標公眾的需求。本節藉由福特六和汽車與文建會「台灣大百科」兩個網站介紹，來說明如何在線上推動公關活動，並連結吸引網路使用者的興趣。

企業組織網站個案：福特六和汽車──Ford活得精采

有百年歷史的福特汽車，是當前全球第二大的汽車製造商，

產品行銷世界各地，且早在1913年就行銷至中國。在1972年時，福特公司與台灣的六和汽車公司成立福特六和汽車股份有限公司，陸續在台灣推出各種車款，是台灣地區最大的汽車銷售商之一，並於2003年榮獲經濟部工業局頒發的國家品質獎。

在現實世界中，福特汽車知名度相當高，社會大眾雖然可以從報章雜誌等媒體的報導獲悉該公司產品與活動相關訊息，但畢竟傳統媒體的版面有限，網路的龐大空間容量，成為該公司提供目標公眾廣泛資訊的最佳場所。

在2004年元月的福特六和汽車台灣網站首頁上（網址：http://www.ford.com.tw）（圖8-13），主要提供以下連結：

(一)榮獲第十四屆國家品質獎資訊：強調公司榮獲國內企業經營理念和品質績效的最高榮譽。

(二)徵才專區：為人力資源專區，設有人才招募、登錄履歷、職涯規劃、員工福利、校園徵才、暑期實習，以及

圖8-13　福特六和汽車台灣網站首頁

圖片摘錄：http://www.ford.com.tw/。

問卷調查等項目。在人才招募項目中，提供最新工作職缺；登錄履歷項目提供線上登錄，並有修改履歷項目可隨時修改更新，若沒有適當職缺時，則讓有意進入福特工作者留下資料，當有適合職缺時將優先採用；在職涯規劃的網頁中說明所需員工特質、培訓與輔導的內容、政策及制度；員工福利項目則有員工分紅計畫、獎勵與購車優惠、休假及各項醫療保險等福利內容；常見問題項目則列出一般在該公司就業常提出的問題和解答，並提供發問的管道；校園徵才項目則列出在各大專院校徵才的時間表；問卷調查項目則以問卷蒐集造訪徵才專區網友的意見，作為參考改進意見；暑期實習則提供在學學生實習的機會，並說明該公司對於實習者所設計的一整套實施方式，且從中挑選人才。

(三)經銷商專區：針對經銷商提供相關資訊與溝通管道，須註冊成為會員登錄進入。

(四)協力廠商專區：提供該公司各部門與協力廠商快速、簡單的溝通管道，增進互動效率，須註冊成為會員登錄進入。

(五)內部專區：供公司內部各部門特定人員使用，須由部門主管申請帳號密碼後才能進入。

(六)美國福特：連結美國福特總公司網站，讓使用者也可瞭解福特總公司提供的各項資訊。

(七)與該公司聯絡：對於該公司有關問題，提供寄送電子郵件與免費客戶服務專線聯絡服務。

(八)產品介紹：轎車、休旅車、商用車等各車系車種介紹說明網頁的連結。

(九)關於福特：福特汽車歷史簡介。

第八章　網路公關案例

(十)Quality Care維修服務網：象徵優質認證的全球服務品牌
Quality Care維修服務網站（圖8-14）。

(十一)企業客戶專區：提供企業客戶有關如何有效管理公司
用車的資訊，同時也提供汽車工業最新的發展訊息。

(十二)金標準中古車網站：提供中古車銷售服務與資訊。

(十三)貸款與保險：連結經營汽車金融服務的子公司網站，
提供分期付款、汽車保險、法拍車等服務與資訊。

(十四)紅地毯專區：該公司所提供的彈性購車計畫相關訊
息。

(十五)經銷商查詢：該公司全省各地經銷商營業服務地點資
訊。

(十六)購車優惠：提供該公司優惠方案的行銷廣告訊息。

(十七)最新消息：公布各項最新活動資訊。

(十八)其他消息查詢：提供搜尋引擎查詢該公司曾經發布過
的所有相關新聞與各項消息。

圖8-14　福特六和網站重視與客戶之關係

圖片摘錄：http://www.qualitycare.com.tw/。

網路公關──理論與實務

(十九)線上橫幅廣告：連結最新的行銷廣告，以及公共關係活動等資訊內容。

　　從福特六和汽車的網站中可發現，該組織所運用的手法並未只是強調汽車商品的行銷，而是儘量地在網站提供與企業組織有關的內部、外部目標公眾所需資訊，並且透過第三者的背書與提供贊助的方式，提升企業形象。

　　在滿足與企業組織有關的內部、外部目標公眾方面，網站中的內部專區爲針對內部公眾所設計，並以事先由單位主管申請取得密碼進入方式，限制其他網路使用者進入，且能區隔出公司不同部門的使用者身分。

　　在外部目標公眾方面，福特六和汽車在網站上分類相當細，主要爲提供一般客戶的網站，包括有產品介紹、Quality Care維修服務網、中古車網頁、貸款與保險網頁、經銷商查詢、購車優惠、最新消息等；對經銷商則設有經銷商專區，提供針對經銷商的各項資訊；協力廠商專區則提供協力廠商與該公司各部門的聯繫互動管道；另外還有企業客戶專區，提供有關企業組織公務車輛的資訊。

　　值得注意的是，福特六和汽車的網站資訊上，採取以第三者背書、提供贊助的方式，以及舉辦線上活動的策略，從事網路公關。第三者背書常常可以獲得媒體及社會大眾注意。以該公司榮獲國家品質獎爲例，代表企業經營理念與品質服務等獲得肯定，形塑該企業優良形象，而福特六和汽車網站上公布榮獲國家品質獎殊榮外，也連結至國家品質獎的網站，讓網友知道設立這個獎項的目的與評選標準，與曾經得獎的其他企業組織名稱，奠立該公司擠身獲得國家品質肯定的地位及形象，可說是相互宣傳，互蒙其利。

第八章　網路公關案例

福特公司贊助了保育暨環保計畫，在世界各地拯救瀕臨絕種的動植物與生態環境，對台灣地區也投入多項的保育及保護環境計畫，每年還公布企業環境報告書，顯示該公司重視環境的特質，並增進企業形象，同時也能吸引對於保育和環保重視的大眾，藉著他們對於所關心事物的興趣，透過網站資訊與他們密切的結合。

福特六和汽車網站更經常為不同目標公眾舉辦網路公關活動，譬如為台灣福特車主們，成立福特線上博物館，蒐集全台福特車主從60年代到80年代汽車的珍藏照片，在線上展覽懷舊；同時利用網路功能與真人影音技術，在汽車展期間，推出線上車展活動，讓網友有親臨現場車展的虛擬感受。

另為"RS"（Rally Sport 的縮寫，原指在沙地或艱困的地形，車子依然可以展現絕佳操控力的一種賽車運動）車系成立專屬網站，蒐集RS車系相關資訊，結果造就了網路上最大的RS車系社群，成為RS車主互相交流的園地；福特六和汽車也為"SUV"（Sports Utility Vehicles，意指運動型多功能車，集乘用性、越野性和多功能性為一體）車系車主成立全台灣最大的SUV入口網站——NBX網站，提供活動及旅遊路線等資訊，並設計線上探險遊戲、留言版等功能。

政府組織網站個案：文建會——台灣大百科全書

　　知名的大英百科全書透過網路東山再起，成功建立網路品牌的案例，在公共關係界中為人津津樂道，而國內也有一套台灣大百科全書從網路版開始（台灣大百科全書網址：http://taipedia. cca.gov.tw/taipedia/ open.htm），開放全民線上撰寫，採漸進方式建置，且以「全民寫歷史，創造大百科」，邀請全國民眾參與這項台灣新知識運動。

　　這項活動是由行政院文化建設委員會主導，除了發起台灣新知識運動，提升文化公民權落實文化自主權，呈現台灣特色知識外，也希望建構文化網路化流通，達成數位台灣典藏目標，進而豐富中小學教育輔助教材，強化知識經濟基礎。估計投入這項工程的專家學者約為一千二百人及二百位工作人員，預計於2008年台灣博覽會時可完成紙本的印製，網路版則將有七百個資料連結網站。

　　台灣大百科全書網站優先推出網路版（圖8-15），乃是著眼於網際網路流通快速、層面廣泛、使用不受時空限制等特性，加上網路的普及化，可以讓這項全民線上撰寫百科全書的活動成為全民運動。也基於台灣大百科網站的目標公眾設計，網站規劃了前端的瀏覽者、撰寫者登錄與撰寫（圖8-16），及後端管理維護系統等三種系統功能，瀏覽者開放給所有網路使用者，然撰寫者則限定必須具備中華民國國籍，並由客觀、中立、公正和專門知識的學者們參與審查的機制。

　　台灣大百科全書的作法類似維基百科網，為世界上第一套網上互動式百科全書，涵蓋五十種語言版本、六十萬個詞條，是網友集讀者與作者的身分，可自行編輯、修改與補充網路上的資

第八章　網路公關案例

圖8-15 文建會──台灣大百科全書網站

圖片摘錄：http://taipedia.cca.gov.tw/taipedia/index.aspx。

**圖8-16 每位民眾都可以自由貢獻觀點與智慧，讓網站呈
現多元觀點**

圖片摘錄：http://taipedia.cca.gov.tw/taipedia/html/map.aspx。

料，屬於集體寫作、知識共享的網路書寫系統。「台灣大百科全書」網站與世界各國百科全書絕大多數採由學者專家撰寫的生產模式不同，因是由下而上，每位國民都可以自由貢獻觀點與智慧，不會只呈現出學術上觀點與認知的內容，同時台灣大百科全書也重視持續修正的工作，以維持其品質。

這也是過去國內未曾有政府單位做過的工作計畫，所以呈現在網站的公共關係活動上，先是融合一般公共關係活動與傳統媒體宣傳的作法，由總統親自主持網站啓動儀式，號召全民參與這項台灣新知識運動，增加台灣大百科網站的知名度。其次是在網站上介紹說明何謂百科全書，提供國內外百科全書網站的連結，讓參訪者完整瞭解類似性質的資訊網站，並且可明確知道自己可從此一網站中，獲得哪些資訊。有興趣參與的公眾，可在網站說明中瞭解如何搜尋詞條、撰寫詞條、詞條的編輯審查，以及如何新增詞目。爲促進和使用者之間的良好互動，網站還提供了論壇討論，以及答客問尋求解答。

爲確定撰寫者爲本國國民的身分，網站設計了會員制方式，要求在開始撰寫詞條之前，先加入會員，每位會員原則上最多可撰寫五則詞條。這是針對不同的目標公眾所做的區分，目的是創造出互動關係與忠誠度，也讓提供詞條的會員留下相關資料，以便聯繫或支付稿酬。

當會員撰寫詞條上傳之後，還要經過專業審查小組的評分，並且將內容開放供網路討論，因此，網站上的論壇成爲和網友互動的重要管道。台灣大百科網站的論壇計分成新增分類詞目討論區、知識論壇、一般討論區等三大部分，而各討論區下再分類各討論小組，其目的是希望建立有活力的線上社群，對網站內容產生興趣，甚至有歸屬感，建立知識觀念的溝通平台，開拓公共討論空間，此即是社群意識，更是形塑公民意識。至於設置一般討

195

第八章　網路公關案例

論區，則是除了專業知識的討論之外，還可以使參訪者之間有彼此抒發意見的地方，有助於建立與訪客的互動關係。

參考文獻

中文部分

卜大中、康綠島、康美鳳譯 （1992）。《第八類接觸》。台北：時報文化。〔原書：Ithiel de Sola Pool (1990). *Technologies without Boundaries.*〕

王智弘、楊淳斐（2001）。〈校園網路倫理的三個建構層面——網頁專業倫理、使用者行為規範與優質網路文化的建立〉，《應用倫理通訊第二十期》，頁75-82。中央大學哲學研究所應用倫理研究中心。

王鳳璋、方宏進（1980）。《公共關係實務》。台北：書泉。

吳白雪、楊楠譯（2001）。《網上公共關係》。上海：復旦大學出版社。〔原書：Holtz, S. (1999). *Public Relations on the Net.*〕

吳宜蓁（1998）。《議題管理：企業公關的新興課題》。台北：正中。

吳宜蓁（2002）。《危機傳播：公共關係與語藝觀點的理論與實證》。台北：五南。

吳幸玲譯（2002）。《企業游擊公關：出奇制勝打贏低成本宣傳戰》。台北：麥格羅‧希爾。〔原書 Levine, M. (2001). *Guerrilla PR Wired: Waging a Successful Publicity Campaign Online, Offline and Everywhere in Between.*〕

吳思華（2000）。《策略九說：策略思考的本質》。台北：城邦文化。

吳筱玫（2003）。《網路傳播概論》。台北：智勝文化。

宋偉航譯（2000）。《數位麥克魯漢》。台北：貓頭鷹。

汪琪、鍾蔚文（1998）。《第二代媒介——傳播革命之後》。台北：東華。

周晉生（1998）。《台灣電子報》。台北：風雲論壇。

居延安（2001）。《公共關係學》第二版。上海：復旦大學。

明安香譯（2002）。〈有效的公共關係〉，北京：華夏出版社。〔原書：Scott M. Cutlip, Allen H. Center, Glen M. Broom (2000). *Effective Public Relations.*〕

林東泰（1997）。《大眾傳播理論》。台北：師大書苑。

林曉娟（2004年12月10日）。〈名模安妮懷孕 大偵探搞的 Yahoo! 奇摩搜尋行銷 謎底揭曉〉，《星報》（電玩龍捲風），B1版。

姚惠忠（2004）。《WHATS PR：公關基本教練》。台北：威肯公關顧問。

胡祖慶譯（1996）。《全面公關時代：打造企業公關的新形象》。台北：麥格羅·希爾。〔原書 Haywood, R. (1994). *Managing Your Reputation.*〕

孫秀蕙（1997a）。《公共關係：理論、策略與研究實例》。台北：正中。

孫秀蕙（1997c）。〈如何研究網路傳播〉，《傳播研究簡訊》，第九期。

孫秀蕙（1997d）。〈網際網路與公共關係：理論與實務運用模式的思考〉，《廣告學研究》，9，159-181。

孫秀蕙（1998）。〈台灣網際網路發展與問題初探〉，《廣播與電視》，3（4），1-20。

孫秀蕙（2000）。〈網路時代的企業公關：格魯尼模式的理論性重構〉，《廣告學研究》，15，1-24。

網路公關——理論與實務

戚國雄（1998）。〈資訊時代的倫理議題：兼談網路倫理〉，《應用倫理通訊第四期》。中央大學哲學研究所應用倫理研究中心。

莊勝雄譯 （1993）。《公共關係：策略與戰術》。台北：授學。〔原書：Wilcox, D. L., Ault, P. H., Agee, W. K. (1989). *Public Relations: Strategies and Tactics.*〕

郭良文（1998）。〈網路公關與整合行銷傳播新趨勢〉，《公關雜誌》，24，32-33。

郭書祺（2001）。《企業運用網路公關之研究初探：從電腦中介傳播談起》。國立交通大學傳播研究所碩士論文。

陳枝蘭（1999）。〈網路在公共關係上的應用〉，《動腦雜誌》，208，62-64。

陳彥希、林嘉玫、張庭譽譯 （2003）。《宣傳與說服》。台北：韋伯文化。〔原書：Jowett, C. S. & O'Donnell, V. (1999). *Propaganda and Persuasion,* 3rd ed. 〕

陳德明（1999）。〈Internet：新溝通工具〉，《公關雜誌》，13，18-19。

程予誠（2003）。《網際傳播：對網路、人、組織未來的影響》。台北：五南。

楊久穎譯（2002）。《麥克魯漢與虛擬世界》。台北：貓頭鷹出版社。〔原書：Horrocks, C. (2001). *Marshall McLuhan and Virtuality.*〕

楊忠川（1998）。〈200大企業網路公關活動調查〉，《資訊與電腦》，8月號，101-105。

楊忠川、廖秋燕、陳桂香、詹詠萍、彭彥綺、曾瓊玉（2000）。〈台灣2000大企業網際網路公關應用現況調查〉，《中華管理評論》，3（2），39-49。

參考文獻

鄒淑文（2004年08月25日）。〈台灣上網率全球第二〉，《經濟日報》（2004電信暨網路展），B6版。

熊源偉（2002）。《公共關係學》。台北：揚智文化。

劉威麟（2004）。〈波特：「策略」，要造一條新跑道〉，《管理雜誌》，11月號。

蔡念中（2003）。《數位寬頻傳播產業研究》。台北：揚智文化。

鄭阿雪（2002）。《網路公共關係運作機制之研究》。長榮管理學院經營管理研究所碩士論文。

鄭貞銘（1999）。《公共關係總論》。台北：五南。

羅世宏譯（2000）。《傳播理論：起源、方法與應用》。台北：五南。〔原書：Severin, W. J. & Tankard, Jr. J. W. (1988). *Communication Theories: Origins, Methods, and Uses in the Mass Media,* 4th ed.〕

龔小文（2004年06月10日）。〈寬頻用戶破300萬人 全台網友達888人〉，《民生報》（3C新聞），A5版。

英文部分

Baidwin, T. F., McVoy, D. S. & Steinfield, C. (1996). *Convergence: Integrating Media, Information & Communication.* London: SAGE Publications.

Berman, S. (1999). "Public Buildings as Public Relations: Ideas about the Theory & Practice of Strategic Architectural Communication," *Public Relations Quarterly,* Spring: 18-22.

Bobbitt, R. (1995). "An Internet Primer for Public Relations," *Public Relations Quarterly,* Fall: 27-32.

Caponigro, J. R. (2000). *The Crisis Counselor: A Step-by-step Guide to*

Managing a Business Crisis. Illinois: Contemporary Publishing
Group.〔陳儀、邱天欣譯（2002）。《危機管理：擬定應變計
畫化危機為轉機的企業致勝之道》。台北：麥格羅・希爾。〕

Chan-Olmsted & Kang J. W. (2003). "Theorizing the Strategic
Architecture of a Broadband Television Industry," *The Journal
of Media Economics,* 16(1), 3-21.

Christian, C. G.. et al. (1998). *Media Ethics: Cases and Moral
Reasoning.* （中文譯本：蔡文美等譯（2000）。《媒體倫理
學：案例與道德論據》。北京：華夏。〕

Cooley, T. (1999). "Interactive Communication: Public Relations on
the Web," *Public Relations Quarterly,* 44(2), 41-42.

Coombs, W. T. (1999). *Ongoing Crisis Communication.*〔中文譯本：
林文益、鄭安鳳譯（2003）。《危機傳播與溝通：計畫、管理
與回應》。台北：風雲論壇。〕

Coombs, W. T. (1998). "The Internet as Potential Equalizer: New
Leverage for Confronting Social Irresponsibility," *Public
Relations Review,* 24(3), 289-303.

Cutlip, S. M. & Center, A. H. & Broom, G. M. (2000). *Effective Public
Relations,* 8th Ed. New Jersey: Prentice Hall.

Dern, D. P. (1997). "Using the Internet as a PR tool,"
Communication News, 34(6), 28.

Gilder, G. (2000). *Telecosm: How Infinite Bandwidth Will
Revolutionize Our World.*〔中文譯本：賴柏州、戚瑞國譯
（2002）。《電訊狂潮：無限頻寬如何改變世界》。台北：先
覺。〕

Grunig, J. E. & Hunt, T. (1984). *Managing Public Relations.* New
York: Holt, Rinehart & Winston.

參考文獻

Grunig, J. E. (ed.) (1992). *Excellence in Public Relations and Communication Management.* Hillsdale, N.J.: L. Erlbaum Associates.

Haig, M. (2000). *e-PR: The Essential Guide to Public Relations on the Internet.* London: Kogan Page Limited. 〔中文譯本：李璞良譯（2001）。《數位公關：成本少效率高的網路PR實務》。台北：麥格羅・希爾。〕

Heath, R. L. (1997). *Strategic Issue Management: Organization and Public Policy Challenges.* California: SAGE.

Holtz, S (2002). *Public Relations on the Net: Winning Strategies to Inform and Influence the Media, the Investment Community, the Government, the Public and more!* 2nd ed. NY: American Management Association.

Irvine, R. B., & Millar, D. P. (1996). "Debunking the Stereotypes of Crisis Management: The Nature of Business Crisis in the 1990′s," in L. Barton (Ed.), *New Avenues in Risk and Crisis Management* (Vol. 5, pp.51-63). Las Vegas, NV: UNLV Small Business Development Center. 〔引自林文益、鄭安鳳譯（2003）。《危機傳播與溝通：計畫、管理與回應》。台北：風雲論壇。頁3〕

James G Webster, & Shu-Fang Lin (2002). "The Internet Audience: Web Use as Mass Behavior," *Journal of Broadcasting & Electronic Media.*

Kent, M. L. & Taylor, M. (1998). "Building Dialogic Relationships through the World Wide Web," *Public Relations Review,* 24(3),321-334.

Kent, M. L. (1998). "Does Your Web Site Attract or Repel

Customers?" *Public Relations Quarterly,* 43(4), 31-33.

Kieran, M. (1998). *Media Ethics.* 〔中文譯本：張培倫、鄭佳瑜譯
（2002）。《媒體倫理》。台北：韋伯文化。〕

Lasswell, H. D. (1948). "The Structure and Function on
Communication in Society," in Schramm, W. & Roberts, D. F.
(Eds.). *The Process and Effects of Mass Communication.* Urbana,
IL: University of Illinois Press.

Levinson, P. (1999). *Digital McLuhan: A Guide to the Information
Millennium.*

Levy, S. (1995). "How the Propeller Heads Stole the Electronic
Future," *New York Times Magazine,* Sept. 24, pp. 58-59.

Liberman, D. (1995). "Home PCs Draw Viewers away from TVs,"
USA Today, Nov. 16, p.1B.

Logan R, K. (2000). *The Sixth Language: Learning a Living in the
Internet Age.* 〔中文譯本：林圭譯（2001）。《第六種語言：
網路時代的新傳播語彙》。台北：藍鯨出版。〕

Maney, K. (1996). *Megamedia Shakeout.* 〔中文譯本：蘇采禾、李
巧云譯（2000）。《大媒體潮》。台北：貓頭鷹。〕

Marken, G.A. (1998). "The Internet and the Web: The Two-way
Public Relations Highway," *Public Relations Quarterly,* Spring:
31-33.

Martinelli, Kathleen A. and William Briggs (1998). "Integrating
Public Relations and Legal Responses During a Crisis: The Case
of Odwalla, Inc.," *Public Relations Review,* 24(3), 443-460.

McLuhan, M. (1964). *Understanding Media.* London: Routledge and
Kegan Paul.

McManus, J. H. (1994). *Market Driven Journalism: Let the Citizen*

Beware? Thousand Oaks, Calif.: Sage.

McQuail, D. (1997). *Audience Analysis.* CA: SAGE.

McQuail, D. (2000). *McQuail's Mass Communication Theory,* 4th ed. London: SAGE Publications.〔中文譯本:陳芸芸、劉慧雯譯(2003)。《特新大眾傳播理論》。台北:韋伯文化出版。〕

Middleberg, D. (2001). *Winning PR in the Wired World.* New York: McGraw-Hill.〔中文譯本:袁世珮、邱天欣譯(2001)。《關公想騎洛克馬 公關要靠新方法:劈開數位世界大門的超強效傳播》。台北:麥格羅・希爾。〕

Moschella C. D. (1997). *Waves of Power: The Dynamics of Global Technology Leadership.*〔中文譯本:高銛等譯(2002)。《權力的浪潮:全球信息技術的發展與前景》。北京:社會科學文獻出版社。〕

Newhagen, J. E. & Rafaeli, S (1996). "Why Communication Researchers should Study the Internet: A Dialogue," *Journal of communication,* 46(1), 4-13.

Newsom, D. & Turk, J. V. & Kruckeberg, D. (2000). *This is PR: the Realities of Public Relations,* 7th Ed. London: Thomson Wadsworth.

Newsom, D., Turk, J. V. & Kruckeberg, D. (1996). *This is PR: the Realities of Public Relations,* 6th. Belmont, C.A.

Ogan, C. (1993). "Listserver Communication during the Gulf War: What kind of medium is the electronic bulletin board?" *Journal of Broadcasting and Electronic Media,* 37, 177-198.

Poster, M. (1999). *Underdetermination, New Media and Society,* 1(1), 12-17.

Rogers, E. M. & Kincaid, D. L. (1981). *Communication Network:*

Toward a New Paradigm for Research. NY: Free Press.

Tucker, K. & Derelian, D. (1988). *Public Relations Writing: A Planned Approach for Creating Results.* Englewood Cliffs, N.J.: Prentice Hall.

White, C. & N. Raman (1999). "The World Wide Web as a Public Relations Medium: The Use of Research, Planning, and Evaluation in Web Site Development," *Public Relations Reviews,* 25(4), 405-419.

Wilcox, D. L. et al. (2000). *Public Relations: Strategies and Tactics.* 6th ed. New York: Longman.

網站部分

丁源宏（2000）。〈當企業公關遇上了網路，該變成什麼模樣〉，《電子商務時報》。網址：http://www.ectimes.org.tw/readpaper.asp?id=733。

卜繁裕（2005）。〈名模懷孕，網友緝兇 啓動1,200萬次搜尋引擎〉，《e大卜網站》。網址：http://www.techvantage.com.tw/content/049/049170.asp。

公共關係世界（2003.08.11）。〈e公共關係發揮無可替代的作用：網路公關的魅力〉，《公共關係世界雜誌社》。中國大陸：河北公關協會。網址：http://tech.sina.com.cn/other/2003-08-11/1405219494.shtml。

台灣飛利浦公司新聞中心新聞稿（2003.07.24）。〈16歲開店，22歲當總裁「飛利浦科技大亨」下戰帖歡迎年輕人挑戰一日總裁〉。台北：飛利浦公司。網址：http://www.philips.com.tw/about/news/press/section-13081/article-2398.html。

參考文獻

交通部電信總局電信相關統計（2004a）。〈主要電信服務用戶數趨勢分析〉。網址：http://www.dgt.gov.tw/chinese/data-statis-tics/11.3/annual-report-92/subscribers.shtml。

交通部電信總局電信相關統計（2004b）。〈主要電信服務普及率趨勢分析〉。網址： http://www.dgt.gov.tw/chinese/data-statis-tics/11.3/annual-report-92/telecom-service.shtml。

安妮事件活動網站：http://promo.search.yahoo.net。

朱彥榮（2002）。〈中國網絡公關初探〉，《大眾傳媒學報》。網址：http://www.fesky.com.cn/dzcm/study/dz-2002-02-in06.htm。

宋怡萱（2004）。〈整合行銷時代公關vs.廣告大不同〉，《電子商務時報》。網址：http://www.ectimes.org.tw/readpaper.asp?id=6485。

杜娟（2000）。〈直面網絡公關：企業網絡公關的基礎理念與策略〉，《中華傳媒網》，學術期刊，2000年第3期。網址：http://academic.mediachina.net/xsqk_view.jsp?id=104。

林主榮（2005）。〈保護組織的數位公關資產〉，《電子商務時報》。網址：http://www.ectimes.org.tw/readpaper.asp?id=7097。

林建德（2005）。〈網路公關──最有效的溝通管道〉，《文化發展論壇》。網址：http://www.ccmedu.com/bbs/dispbbs.asp?boar-did=20&id=5044&star=1&page=1。

紀冠宇（2005）。〈誰讓名模懷孕？yahoo懸疑廣告砸大錢！效果有限〉，《文化一週，1039期。網址：http://jou.pccu.edu.tw/weekly/fasion/1039/1039.htm。

孫秀蕙（1997b）。〈重新省思廣告與公關業的專業規範問題〉。網址：http://ad.nccu.edu.tw/hhsun/wisconsin/comm/concept.htm。

陳體勳（2004）。〈何爲網路公關〉，《電子商務時報》。網址：
http://www.ectimes.org.tw/readpaper.asp?id=6484。

游欣怡（2004）。〈公關必修新學分——網路謠言危機管理〉，
《電子商務時報》。網址：http://www.ectimes.org.tw/
readpaper.asp?id=6486。

黃牧慈（2003）。〈台灣飛利浦「科技大亨」請六年級女生當總
裁，夠sexy！〉，《e天下雜誌》，36期。網址：
http://www.techvantage.com.tw/content/036/036058.asp。

黃懿慧（1999）。〈西方公共關係理論學派之探討：90年代理論典
範的競爭與辯論〉，《廣告學研究》，會多所知名大學與研究
機構進行學術交流與互動〉。台北：微軟。網址：
http://www.microsoft.com/taiwan/press/2002/0429_2.htm。

黎榮章（2003）。〈網路如何與其他媒體達成綜效〉，《全球華文
行銷知識庫》。網址：http://marketing.chinatimes.com/
ItemDetailPage/ProfessionalColumnist/05ProfessionalColumnist
ContentByAuthor.asp?MMContentNoID=5409。

參考文獻

筆記

筆記

筆記

筆記

筆記

筆記

筆記

網路公關——理論與實務　　廣告公關系列 3

著　　　者☞	邱淑華
出　版　者☞	揚智文化事業股份有限公司
發　行　人☞	葉忠賢
總　編　輯☞	林新倫
登　記　證☞	局版北市業字第1117號
地　　　址☞	台北市新生南路三段88號5樓之6
電　　　話☞	（02）23660309
傳　　　真☞	（02）23660310
郵政劃撥☞	19735365　戶名：葉忠賢
法律顧問☞	北辰著作權事務所　蕭雄淋律師
印　　　刷☞	大象彩色印刷製版股份有限公司
初版一刷☞	2005年9月
ＩＳＢＮ☞	957-818-757-2
定　　　價☞	新台幣250元
網　　　址☞	http://www.ycrc.com.tw
Ｅ-ｍａｉｌ☞	service @ycrc.com.tw

國家圖書館出版品預行編目資料

網路公關：理論與實務 / 邱淑華著. -- 初版.
 -- 臺北市：揚智文化, 2005[民94]
 面； 公分. --（廣告公關）
 參考書目：面
 ISBN 957-818-757-2（平裝）

 1. 公共關係

541.84   94017897